M. RALLA – WORTKUNDE

MECHTHILD RALLA

WORTKUNDE

Material zum deutschen Sprachunterricht in der Sekundarstufe I

Königshausen + Neumann
1980

CIP-Kurztitelaufnahme der Deutschen Bibliothek

Ralla, Mechthild:
Wortkunde : Material zum dt. Sprachunterricht
in d. Sekundarstufe I / Mechthild Ralla. –
Würzburg : Königshausen und Neumann, 1980.
ISBN 3-88479-005-6

Druck und Bindung: difo-druck, Bamberg

ISBN 3-88479-005-6

INHALT

Vorwort 7

Wort- und Sprachkunde im Deutschunterricht 10

Einführung in sprach- und wortkundliches Arbeiten 16

1. Die deutsche Sprache 17

2. Nachschlagewerke des deutschen Wortschatzes 25

Namenkunde 27

1. Vornamen 31

2. Familiennamen 34

3. Ortsnamen 37

Wortkunde

1. Etymologische Betrachtungsweise 41

a) Wörter für Wochentage und Monate 41

b) Wörter für Pflanzen und Früchte 44

2. Lexikalisch-semantisch-synchrone Betrachtungsweise 47

a) Mehrdeutige Wörter 48

b) Bedeutungsunterschiede 53

c) Metaphorik I (Zusammengesetzte Substantive) 58

d) Metaphorik II (Sprichwörtliche Redensarten) 64

Nachwort 73

Anhang

Literaturverzeichnis 77

Vorwort

Dem Unterricht in Wort- und Sprachkunde wird im allgemeinen wenig Bedeutung beigemessen.

Woran mag das liegen?

Zunächst die im didaktischen Bereich beinahe übliche Schwierigkeit der Definition:

BACHEM (1975) versteht unter „Wortkunde" eine „angewandte lexikalische Semantik" (193), CRETIUS (1932) sah den Wortkundeunterricht, den er als „Grundsatz, nicht als Fach" (428) verstand, im Rahmen eines deutschkundlichen Unterrichts, in dem Namen, Bedeutungswandel von Wörtern, Sprichwörtern und Redensarten, Lehnwörter und bildliche Redeweisen „gedeutet" werden. Dieser Ansatz zeigt sich ein wenig modifiziert bei PACOLT (1971), und zwar im Rahmen eines „lebenskundlichen" Unterrichts (186).

Als „angewandte lexikalische Semantik" (s.o.) versteht BACHEM die Wortkunde, die mit synchronen und diachronen Methoden arbeitet und in „Sprachtraining" (193) und „Reflexion über Wirkungszusammenhänge zwischen Sprache und ihren Benutzern" (193) umgesetzt werden soll. Diese Universalumschreibung für das deutsche Wort „Wortkunde" denkt an alles, was die Sprachwissenschaft im Zusammenhang mit Wortforschung zu bieten hat: Komponentenanalysen, die durch „Paraphrasenbewertung operationalisiert werden" (195), „Beschreibung stilistischer Varianten und lexikalisch-struktureller Relationen" (196), „Merkmalsmatrix mit Semen und Dimensionen" (197), „metaphorische Prozesse" (198), „persuasive Sprachverwendung" (200), Fachsprachen, Bedeutungswandel, Entlehnungsvorgänge, Namenkunde, Soziolekt, Dialekte, Rollensprache und schließlich Wortbildungslehre.

Ein Vergleich der Ansätze von BACHEM und beispielsweise von CRETIUS zeigt, daß mit gleichen ‚Mitteln' verschiedene Ziele verfolgt werden: CRETIUS' Ansatz spiegelt die Deutschkunde-Bewegung wider; BACHEM geht es um die Förderung der Sprachkompetenz.

Was befremden mag, ist, daß das Wort „Wortlehre" in der Deutsch-Didaktik weit genauer definiert ist als „Wortkunde". Dem „Kundigen" fehlt es, ist er nicht „im Wort" „belehrt", an Kenntnis der Wortarten, deren Leistung, ihrer Gliederung in bestimmte Unterarten und ihrer grammatikalischen Stellung (HELMERS, 1970, 264). „Wortkunde" taucht bei HELMERS kaum auf, ebenso nicht bei einigen anderen Didaktikern (ESSEN, 1972; ULSHÖFER, 1971-74).

„Wortkunde“ wird, soweit überhaupt die Rede von ihr ist, zusammen mit „Sprachkunde“ genannt; zur Sprach*kunde* gerechnet werden die historischen Sprachstufen, Soziolekte, Dialekte oder Anwendungsformen mit Fragen zur Norm, Stilistik, Texttypologie usw. (GLINZ, 1969). „Sprach*lehre*“ hingegen belehrt über die Struktur der Sprache, kurz, über ihre Grammatik.

Nicht viel, was nach diesen Eingrenzungen für eine Wortkunde übrig bleiben könnte – so scheint es.

Noch einmal kurz gesagt: Hatte die Deutschkunde-Bewegung einen eigenen, nämlich den wortgeschichtlichen Bereich der Sprachwissenschaft (für den Schulgebrauch aufbereitet) „Wortkunde“ genannt, geht BACHEM mit der Kompetenzförderung nach dem Gedanken „pars pro toto“ vor und gibt seiner Auffassung von Spracherziehung den Namen „Wortkunde/Sprachkunde“.

Damit stehen wir an einem Punkt der Geschichte der Wortkunde im Deutschunterricht, der sicherlich zeigt, daß die Wortkunde „sich“ wohl mindestens ebenso in einer Krise ihrer eigenen Definition befindet wie auch in einer Krise ihres „Bildungswertes“, des Nachweises ihrer Bedeutung für die Spracherziehung, für den Unterricht in der deutschen Sprache.

In Anbetracht dieser Krise ist es verständlich, daß bundesdeutsche Lehrpläne selten auf die Wortkunde verweisen und allenfalls eine synchrone Betrachtungsweise der Wörter zulassen.

Damit jedoch werden Bereiche aus dem Deutschunterricht gestrichen, die den Schüler der Sekundarstufe I aufgrund seiner alterstypischen Fragestellung nach dem Warum und Woher der Wörter und Namen interessieren, die ihm Einblicke geben können in die Geschichte ihrer Sprache.

Es fällt ausgesprochen schwer, zur Wortkunde – insbesondere zur diachron ausgerichteten – Lernziele im curricularzentrierten Sinn aufzustellen. Ein wichtiges Ziel ist, daß der *Lehrende lernt*, auf die Fragen der Schüler einzugehen und sie kompetent zu beantworten. Dazu gehört, daß er es versteht, seine Schüler auch nach dem ausgeprägten Fragealter für ihre Sprache zu interessieren, ihnen aufbereitetes Material zu bieten zum Nachdenken über Sprache, Sprachen, die Herkunft von Wörtern, Wortbedeutungen. Allein schon mit der Aktivierung des Interesses für die Sprache können „Lernziele“ im herkömmlichen Sinn erreicht werden (sogenannte „funktionale Lernziele“): sachkundiges Umgehen mit Nachschlagewerken, Fähigkeit zur Distanzierung von und „Reflexion“ über das wichtigste eigene „Kommunikationsinstrument“.

Alle diese nützlichen Begleiterscheinungen sollen jedoch nicht zum Nachweis einer „Notwendigkeit“ des Wortkundeunterrichts dienen. Die Frage nach dem Ziel des Wort- und Sprachkundeunterrichts läßt sich überzeugend wohl nur beantworten, wenn er als Hilfe gesehen wird zur Überwindung der (kindlichen) Wortgläubigkeit.

Eine weitere Antwort für den erwachsenen sprachkundlichen Laien: wenn die „frühesten“ Bedeutungen von Wörtern gesucht werden, dann nicht deshalb oder dazu, die „eigentliche“ Bedeutung der Dinge kennenzulernen, sondern allenfalls die jeweilige *Perspektive*, mit der benannt wurde.

Und der Nutzen für den Schüler? Ein Stück mehr Welt- und Spracherfahrung: das Ablegen der typisch kindlichen Wortgläubigkeit, der naiven Unfähigkeit zur Unterscheidung zwischen Wort und Sache (etwa bei „Tollkirsche“, „Walfisch“, „Silberfisch“). Es geht um die Fähigkeit des Nachdenkens über die Sprache, über „ihre“ Art, Gegenstände zu benennen. – „Ihre Art“ soll heißen, die Art der jeweils diese Sprache sprechenden Menschen.

Es geht darum, eine Entwicklung der Sprache zu sehen, die (bis auf die Namen) nicht abgeschlossen ist und in die sie (wenn auch nur in geringem Maß) einbezogen sind (das kann ihnen anhand eines Vergleichs der Sprache ihrer Großeltern und ihrer eigenen Sprache deutlich gemacht werden).

Grundsätzlich gilt in der gegenwärtigen Sprachdidaktik, den Schülern aufzuzeigen, wie sie das Gelernte auf solche Fälle übertragen können, die den Beispielen ähnlich sind. Nun darf die Erklärung *eines* Wortes nur in seltenen Fällen auf andere, ähnliche Wörter übertragen werden. Ein solcher Transfer wäre gerade eine der unerwünschten möglichen Nebenwirkung einer mißverstandenen Selbständigkeitserziehung, wie bereits angedeutet wurde. Was bei den Schülern jedoch „hängen“ bleiben sollte und auf alle Bereiche des Umgangs mit der Sprache übertragen werden kann, ist einerseits die Vorsicht, von der Sprache auf die (reale) Wirklichkeit zu schließen, andererseits das Interesse, aus der Sprache etwas über die Wirklichkeit kennenzulernen.

Zur Wortgläubigkeit schreibt E. CASSIRER in seinem Buch „Philosophie der symbolischen Formen“, Bd. 1, Darmstadt 1972, S. 56, sehr anschaulich: „Die mythische Anschauung der Sprache ..., ist durchgehend durch diese Indifferenz von Wort und Sache gekennzeichnet. Für sie ist im Namen jedes Dinges sein Wesen beschlossen. An das Wort und seinen Besitz knüpfen sich unmittelbar magische Wirkungen. Wer sich des Namens bemächtigt und ihn zu gebrauchen weiß, der hat damit die Herrschaft über den Gegenstand selbst gewonnen ... Aller Wort- und Namenzauber beruht auf dieser Voraussetzung, daß die Welt der Dinge und die der Namen eine einzige Wirklichkeit, weil ein einziger in sich ungeschiedener Wirkenszusammenhang ist.“

Die Unterrichtsvorschläge wurden auch von meinen Kolleginnen Frau R. Hoefer und Frau A. Aßmus erprobt. Dafür sei ihnen an dieser Stelle herzlich gedankt.

Wort- und Sprachkunde im Deutschunterricht

Überblick: Das Schicksal der Wort- und Sprachkunde im Deutschunterricht

Noch im 18. Jahrhundert wurde unter dem Kapitel „Etymologie“ in den damaligen Schulen Deutschlands Wortkunde betrieben, das heißt Namenkunde, Fremd- und Lehnwörterkunde und Lautwandelgeschichte (HELMERS, 1970, 276). Auf ein speziell „deutsches“ Problem, nämlich die Vielzahl von einander mitunter unverständlichen „Volkssprachen“ (Mundarten) wies einer der großen Deutschdidaktiker des 19. Jahrhunderts, RUDOLPH HILDEBRANDT, hin. Mit seiner Forderung des Wortkundeunterrichts in den Schulen (1867) vertrat er die Meinung, daß erst die Erfassung des Inhalts der Wörter eine gegenseitige Verständigung auch in der „hochdeutschen Sprache“ ermögliche. Dieser Gedanke wurde von H. WEBER 1872 (nach FRANK, 1973, 497) „national“ geprägt: der Unterricht in Wortkunde sollte die Sprache von Fremdwörtern reinigen und insbesondere in jedem deutschen Wort ein nationales Geistesgebilde erkennen lassen.

Auch BURDACH (1886) und LYON (1893) (nach FRANK, 1973, 502 ff.) bekräftigten diese Idee der Verwirklichung der Deutschtumspädagogik im deutschen Wortkundeunterricht: durch die Beschäftigung mit der Wortgeschichte sollten die Schüler „reichere“ Ausdrucksweisen älterer Sprachstände zurückgewinnen, das heißt, vergessene Bedeutungen und Wörter wiederbeleben. Diese universale „Deutschkunde“ hypertrophiert schließlich zur Abneigung gegen „alle Fremdwörterei“.

BOJUNGA und HOFSTAETTER beschreiben als Ziel der Wortkunde 1921 die „geschichtliche Einsicht in Werden und Wandern der Wörter“, „die historische Schichtung des deutschen Sprachschatzes, der Sprachschöpfungen“, „die Erkenntnis deutschen Wesens (nach FRANK, 1973, 651 ff.). An Inhalten der Wortkunde werden genannt: Unterscheidung verwandter Wörter, Zusammenstellung von Wortfamilien und Wortsippen, Metaphorik, Ausdeutung volkstümlicher Redensarten und Sprichwörter, Bedeutungswandel, Bedeutungsübertragung.

Doch schon 1925 kommt es zu einer Wendung gegen den deutschkundlichen „Historismus“: HAVENSTEIN fordert 1925, mit der Wortkunde statt geschichtlicher Betrachtungen eine praktische Spracherziehung zu betreiben und die Beherrschung der Sprache „in Schrift und Rede“ zu erzielen (nach FRANK, 1973, 699). „Deutschkundlich“ bleibt die Wortkunde noch einige Zeit, wenn auch nicht mehr geschichtlich orientiert, sondern auf die Bildung

„deutscher Bewußtheit" und deutscher Gemütstiefe ausgerichtet, wie SCHÖN ausführte (nach FRANK, 1973, 719).

Ein Kompromiß beider Erscheinungsweisen der Deutschkunde zeigt sich bei OETTLI (1932), der die Wortkunde als Sprach- und Denkschule sieht, die zu einem bewußten Verhältnis zum Wort erziehen solle (654). Ebenso fordert auch CRETIUS einen Unterricht in Wortkunde im Rahmen des „deutschvolkskundlichen" Unterrichts. Inhaltlich gibt er für die Wortkunde an: Namenkunde (Beziehung zwischen Ding und Benennung), Bedeutungswandel, Metaphorik, Lehnwörter, Sprichwörter, Redensarten, Fremdwörterkunde, Volksetymologie, Wortschöpfung; „Lernziel" der Wortkunde ist das Kennenlernen der deutschen Volkskunde, der Bräuche der deutschen Kirche, des deutschen Rechtslebens, des deutschen Kriegshandwerks und schließlich des beruflichen Lebens (1932, 426 ff.).

Der Zweite Weltkrieg hinterläßt offenbar seine Spuren in der „Deutschpädagogik": fern von jedem nationalen Gedanken, mitten in der (Geistes-)Wissenschaft, „rein", „betrachtend" sollte die Wortkunde zeigen, inwiefern der Bedeutungswandel ein Spiegelbild der Bezeichnungsentwicklung ist (vgl. REUMUTH, 1950; FRÖHLICH, 1956).

Auch HELMERS (1970), der unter „Sprachkunde" den Unterricht in Etymologie versteht (255) und somit wohl „Wortkunde" meint, will in diesem „Fach" die Wörter geschichtlich angegangen wissen. An Inhalten nennt er: Namen, Lehn- und Fremdwörter, Redensarten, Sprichwörter, Wortschatz der Sondersprachen, Frage nach der familiären Verwandtschaft der Wörter, Problem des Lautwandels. („Hilfswissenschaft der Sprachkunde ist die Volkskunde") (255). Grundsätzlich soll der Unterricht in Wortkunde geschichtlich orientiert sein: „in der Erscheinungsform der Wörter und Redensarten werden Anhaltspunkte für den sprachlichen Entwicklungsprozeß gesucht" (256).

Es wurde bereits angedeutet, wie HELMERS'S Auffassung von BACHEM (1975) entgegengetreten wird. BACHEM stellt die Wortkunde in den Rahmen der Förderung der sprachlichen Kompetenz. Sie besteht in einer Reflexion über Wirkungszusammenhänge zwischen Sprache und ihren Benutzern, und zwar in der gegenwärtigen und in vergangenen Sprachstufen sowie in Soziolekten und Dialekten, darüberhinaus in einem Sprachtraining, das die Zusammenhänge von Sprache – Denken – Kultur – Ideologie im Sinne eines emanzipierten Bewußtseins verdeutlicht.

Es sei kurz auf die folgenreiche (und traditionsreiche) Unterscheidung von Sprache und Denken hingewiesen: wenn davon ausgegangen werden kann, daß Sprache sowohl Medium wie „Form" (im humboldtschen Sinne) der immer nur „sprachlich" gegebenen Gedanken ist, und daß die Unterscheidung eines Bereichs der Sprache und eines Bereichs des Denkens lediglich eine sprachwissenschaftliche Hypothese darstellt, die noch immer nicht verifiziert werden konnte, scheint es doch sehr verwunderlich, daß diese Unterscheidung so, als sei sie gesichert, in den Schulunterricht einbezogen, ja teilweise Fundament des Sprachunterrichts sein soll.

Was die Schüler bisher aus den Sprachbüchern über Wort- und Sprachkunde erfahren konnten

Eine genaue, aber in keiner Weise zufriedenstellende Auskunft: zwischen zwei und zwanzig Prozent der Gesamtseitenzahl eines Sekundarstufen-Sprachbuchs werden – je nach Autor (oder Verlag) – für Wort- und Sprachkunde verwendet.

Was bei seit 1970 erschienenen Sprachbüchern besonders auffällt: es gibt eine Tendenz, daß die „herkömmliche" Wortkunde, die diachron orientierte Beschäftigung mit Wörtern im weiten Sinne, zugunsten eines synchronen Vorgehens zunehmend in den Hintergrund tritt. Dieses Ergebnis entspricht durchaus den Feststellungen über die Intentionen der neueren Lehr-/Bildungspläne, in denen „Wortkunde" unübersehbar als (synchrone) „Semantik" verstanden ist.

Vielleicht hätte das Wort „Semasiologie" das, was mit „Semantik" bezeichnet wurde, genauer ausgedrückt; in den Lehrplänen geht es durchweg um die Bedeutung des (sprachlichen) *Zeichens*. In der Semantik jedoch ist die „Zeichenhaftigkeit" der Wörter *nicht* grundlegend (vgl. HUNDSNURSCHER, 1970). Gerade in der Semasiologie wird nach der Bedeutung der Zeichen für (gemeinte) Gegenstände gefragt. Soweit die Konzeption der „neueren" Sprachbücher.

In Anbetracht der geforderten Reflexion über den eigenen Sprachgebrauch sollte man in den Sprachbüchern eine überlegte Anwendung der Sprache finden: einen sprachlich „einwandfreien" und zugleich kindgemäßen, eben, „reflektierten" Ausdruck.

Ein Blick allein in Inhaltsverzeichnisse lehrt jedoch, daß schon Autoren von Sprachbüchern ihren Vorsätzen nicht immer treu bleiben. (– Oder sollen einige Ausdrücke Gegenstand der Reflexion sein, die der Schüler leisten müßte?) Was heißt beispielsweise „grammatische Sprachäußerungen", was sollen 10- bis 12-jährige Schüler anfangen mit „Präfixbildung" (ein seltsames Wort), Metonymie, Pk-Klammer?

Wenngleich eine Methode des Unterrichts in der deutschen Sprache sein kann, den Sprachgebrauch zu reflektieren, um genauere Kenntnis über die

Sprache zu erhalten, so sollte sie doch nicht Inhalt des Sprachunterrichts werden. Und was sollte der Inhalt des Deutschunterrichts sein? Nun, eine recht mißverständliche Antwort, wie die Geschichte der Sprachbücher und der Lehrpläne zeigt: das (theoretische und praktische) Kennenlernen der deutschen Sprache.

In diesem Rahmen stehen die später angeführten Unterrichtsvorschläge.

Was der Schüler mitbringen sollte

Ab der Orientierungsstufe (5./6. Schuljahr) versteht ein Schüler im allgemeinen eine Verbesserung des Ausdrucks als solche und kann Verständnis zeigen für die Breite von Wortbedeutungen. Somit darf man wohl ein ansatzweise bewußtes Umgehen mit der Sprache beim Schüler annehmen.

Im Aufsatzunterricht (z.B. bei der Vorbereitung von Beschreibungen und Berichten) fällt immer wieder auf, mit welchen Wortfindungsschwierigkeiten, die sich aufgrund von Lücken im Wortschatz ergeben, die Schüler zu tun haben. Diesen Schwierigkeiten zu begegnen, das heißt, den Wortschatz an den jeweils „interessanten" Stellen zu vertiefen, ist gewiß mit eine der Hauptaufgaben der Spracherziehung. Das Finden von möglichst großen Wortfamilien und Wortfeldern kann die Schüler bei entsprechender Motivation so weit bringen, daß durch Wörter „neue Dinge" kennengelernt werden können; meistens ist es eher umgekehrt der Fall.

Solche Wortschatzübungen können dem Schüler helfen, seinen Ausdruckswillen und die Ausdrucksfreude zu erhalten, ihn zur weiteren „Erforschung" seiner Umwelt (von Wörtern zu Dingen) zu ermutigen. Von daher ist der Schüler auch zunehmend aufgeschlossen und interessiert, Wörter zu erforschen – ein sonst seltener Gegenstand der „Erforschung".

Dabei muß darauf geachtet werden, daß die Wörter richtig – das kann heißen, gemäß den umgangssprachlichen Normen – den Dingen zugeordnet werden, daß Bedeutungsunterschiede und Bedeutungsbreiten bei Wörtern erkannt werden. Die Umgangssprache kann nach verschiedenen Gesichtspunkten gesehen werden: nach wortgeographischen, situations- und gesellschaftsschichten-spezifischen, wortgeschichtlichen. In der Sprache der Technik ausgedrückt heißt dies, die Schüler sollen den „Funktionswert" der Wörter kennenlernen, also die Fähigkeit erwerben, einerseits die Wörter situationsangemessen zu verwenden, sich also sprachlich genau auszudrücken, andererseits, die „Macht" der Wörter, ihren Einfluß auf das Handeln, das, was Wörter bedeutsam macht, kennenzulernen (vgl. BOLLNOW, 1964).

An Bereichen, auf die sich die wortsammlerische Tätigkeit vor allem erstrecken sollte, nennt DODERER (1969) die Schiffahrt, Berufe, Wetter, Bergwelt, Stoffe, Polizei und öffentliches Leben (43).

Da der Wortschatz der Schüler zumindest in der Orientierungsstufe noch *relativ* wenige Wörter des kognitiven und emotionalen Bereichs (die sogenannten Abstrakta, wie beispielsweise Kunst, Schuld, Würde), insbesondere Substantivierungen, umfaßt, kann gerade die Erklärung der Entwicklung (Geschichte) der einzelnen Wörter dazu beitragen, deren Bedeutungsgehalt anschaulich werden zu lassen („Schuld" zu „sollen", „Würde" zu „wert", „Kunst" zu „können"; nach PAUL, 1965; 575, 813, 375).

Es hat sich gezeigt, daß es für den Schüler günstig ist, wenn man bei der geschichtlichen Behandlung von Wörtern zunächst von bekanntem Wortgut ausgeht. Andernfalls ist die Gefahr von Fehldeutungen gegeben, die einen Unterrichtserfolg stören, wenn nicht in Frage stellen.

Wörter, die den Schülern fremd sind, werden erfahrungsgemäß leichter verstanden, wenn die Schüler sie in entsprechende Wortfelder einordnen, möglichst unter Einbeziehung des jeweiligen stilistischen Werts.

Grundsätzlich sollte das Lernziel beim Wortkundeunterricht auf der auch geschichtlichen Erarbeitung der Wörter liegen, weniger auf einer quantitativen Erweiterung des Wortschatzes. Die Schüler sollen durch die Wortkunde Einblick bekommen in die inhaltliche Entwicklung des Wortschatzes. Eine (nützliche) Nebenwirkung dabei kann sein, (den Schülern bisher) unbekannte Wörter aufzudecken.

Es liegt nahe, bei der geschichtlichen Behandlung der Wörter auch an die Lehnwörter zu denken. Mit Absicht wird im folgenden Unterrichtsteil keine Stunde über Lehnwörter durchgeführt. In früheren Unterrichtsversuchen und bei den Versuchen über die Namen hat sich gezeigt, daß den Schülern der Orientierungsstufe (insbesondere der Haupt- und Realschulen) das nötige Vorwissen fehlt, etwa Grundkenntnisse der lateinischen Sprache, im 5. Schuljahr auch Kenntnisse in der Geschichte, beispielsweise der „Romanisierung" der Germanen.

Schwierigkeiten beim Wortkundeunterricht können vor allem dann auftauchen, wenn die Schüler im Sinne einer mißverstandenen Erziehung zur Selbständigkeit ohne Hilfsmittel selber etymologisieren sollen. Ein solches Vorgehen führt unvermeidlich zu Fehldeutungen, für die es in der Volksetymologie nicht wenige Beispiele gibt.

Wort- und Sprachkunde kind- und schülergemäß

Für den richtigen Einsatz der Materialien sollte beachtet werden:

1) Nicht nur aus den Themen, insbesondere aus den Beispielen sollten *nur diejenigen* ausgewählt werden, die dem Entwicklungs- und Interessensstand der jeweils angesprochenen Schüler entsprechen (werden).
2) Ein Unterricht in Wort- und Sprachkunde ist nicht dann erfolgreich gewesen, wenn die Schüler vollständige Listen des Erarbeiteten vor sich haben, sondern wenn sie weitere Aufgaben aus den entsprechenden Gebieten selbständig bearbeiten können und fähig sind, „eigene" Beispiele zu geben. Dies wäre der direkt „meßbare" Erfolg. Der fast noch wichtigere ist, daß die Schüler in der Lage sind, über die Sprache nachzudenken und Ergebnisse ihres Nachdenkens auszudrücken.
3) Bei der Erprobung der hier vorliegenden Materialien hat sich die Partnerarbeit als intensive und erfolgversprechende Arbeitsform erwiesen.
4) Trotz sicherlich großen Schwierigkeiten bei der Beschaffung von Schüler-Arbeitsmitteln (z.B. Namenbücher, Wörterbücher) sollte rechtzeitig (u.U. einige Wochen vor der geplanten Unterrichtsstunde) daran gedacht werden, die benötigten Bücher in ausreichender Anzahl bereitzustellen. Ideal wäre, wenn je zwei Schüler während des Unterrichts in einem Werk nachschlagen können. Dabei ist es durchaus nützlich, verschiedene Bücher im Unterricht gleichzeitig zu verwenden. Manche Namen können durch mehrere verschiedene Erklärungen besser verstanden werden.

Wo sind geeignete Nachschlagewerke zu finden?

z.B.

1) Lehrerbüchereien an Schulen und Schulämtern
2) Landesbibliotheken
   z.B. Badische Landesbibliothek, Lammstraße 16, 7500 Karlsruhe.
3) Pädagogische Zentralbibliothek, Landesstelle für Erziehung und Unterricht, Rotebühlstr. 133, 7000 Stuttgart 1.
4) Universitätsbibliotheken
5) Nachschlagewerk über öffentliche Bibliotheken:
   Hrsg. Deutscher Bibliothekverband. Handbuch der öffentlichen Bibliotheken. Berlin 1973

Einführung in sprach- und wortkundliches Arbeiten

Ein anhaltendes Interesse an der Sprach- und Wortkunde hängt gewiß auch davon ab, ob der Lehrer es versteht, aus den Materialien zur Unterrichtseinheit „Die deutsche Sprache" das auszuwählen, was seine Schüler interessiert und was sie aufgrund ihres Entwicklungs- und Vorbildungsstandes verstehen, aufnehmen können. Es bleibt damit auch dem Unterrichtenden überlassen, zu entscheiden, in wie vielen Unterrichtsstunden seine Schüler in die deutsche Sprache eingeführt werden.

Einige Hilfsmittel können sehr nützlich sein:

- Eine Landkarte, auf der alle Erdteile zu sehen sind,
- eine Europa-Landkarte,
- eine Karte der Bundesrepublik Deutschland (neben den entsprechenden Folien).

Von folgenden Ländern sollten die Schüler die geographische Lage kennen: Indien, Persien, die wichtigen europäischen Länder (auch Finnland, Lappland), das Baskenland, die Türkei.

Die Schüler sollten wissen, wo die lateinische Sprache beheimatet ist.

Und, was für die Verwertung der Materialien unerläßlich ist: ein Tageslichtprojektor und Folien. Die Tafel allein genügt in vielen Fällen nicht.

1. Die deutsche Sprache

L: Es hat einmal eine Zeit gegeben (sie liegt 7000-10000 Jahre zurück), da waren die Ahnen der heute von Indien bis Westeuropa lebenden Völker in einem Volk vereinigt und sprachen e i n e Sprache:

SS: *Indoeuropäisch*

L: Noch heute kann die frühere Zusammengehörigkeit etlicher Sprachen festgestellt werden.
Die Sprachwissenschaft hat festgestellt, daß sich aus der „Ursprache" Indoeuropäisch verschiedene Sprachgruppen entwickelt haben.
Auf dieser Karte seht ihr, in welchen Gebieten der Erde indoeuropäische Sprachen b e h e i m a t e t sind.

SS: *(nennen die Gebiete und stellen Vermutungen über die Sprachgruppen an)*

(Es empfiehlt sich, eine Grundfolie zu erstellen, auf die dann Zusatzfolien aufgelegt werden mit den jeweiligen Informationen.)

(Grundfolie)

(evtl. einige Ländernamen eintragen)

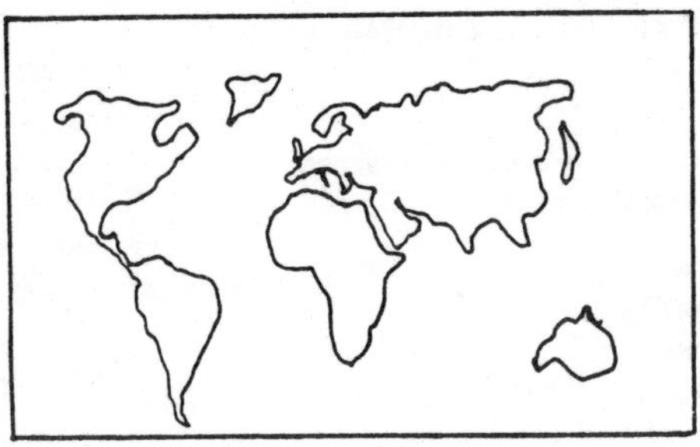

(1. Zusatzfolie, Darstellungen in Kontrastfarbe zur Grundfolie)

(Folgende Gebiete freilassen: Finnland, Lappland, Ungarn, Türkei, Baskenland.)
Genaue Angaben in: König, W.: dtv-Atlas zur deutschen Sprache. Tafeln und Texte. München 1978 (dtv-Taschenbuch Nr. 3025), S. 34

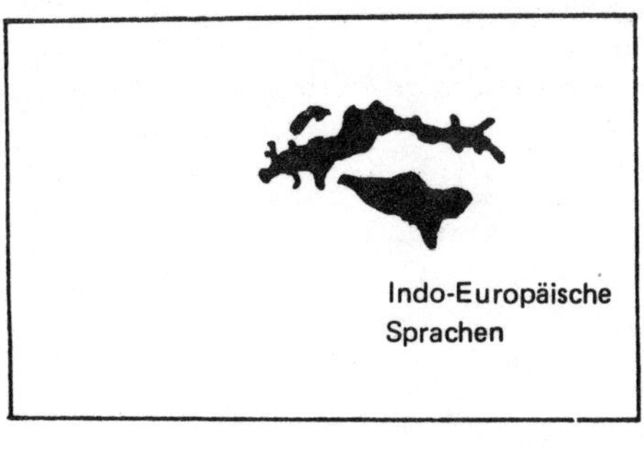

(Erarbeitung der folgenden Sprachgruppen, die auf der 1. Zusatzfolie rechts unten notiert werden):

SS: *(Die SS sehen die Grundfolie zusammen mit der 1. Zusatzfolie, auf der die Gebiete eingetragen sind, in denen indoeuropäische Sprachen beheimatet sind.)*

FOLIE

Indo-Europäische Sprachen

Indisch	Germanisch
Iranisch	Keltisch
Baltisch	Romanisch
Slawisch	Griechisch

L: Ihr seht einige europäische Länder, in denen keine indoeuropäischen Sprachen beheimatet sind!

SS: *Finnland, Lappland, Ungarn, Türkei, Baskenland.*

L: Die Sprachen der Völker dieser Länder sind nicht-indoeuropäische Sprachen.

FOLIE (Eintrag auf der 1. Zusatzfolie):

Nicht-indoeuropäische Sprachen in Europa:

Finnisch
Lappisch
Ungarisch
Türkisch
Baskisch

(in einer anderen Farbe geschrieben als die o.g. Sprachgruppen)

L: Könnt ihr euch vorstellen, wie festgestellt werden kann, daß einige Sprachen früher zusammengehörten?

SS: *(Vermutungen)*

L: Wir vergleichen einmal einige Wörter in verschiedenen Sprachen!

FOLIE

Wörter wandern durch Jahrtausende und über Tausende von Kilometern

deutsch	engl.	französ.	span.	ital.	lat.	altgriech.	altind.	indoeurop.*
Vater	father	père	padre	padre	pater	patér	pitar	pat
neu	new	neuf	nuevo	nuovo	novus	neos	navyas	newos
Auge	eye	œil	ojo	occhio	oculus	ossé	akschi	okw
Schule	school	école	escuela	scuola	schola	schole	——	
Schwester	sister	sœur	——	sorella	soror	——	svasr	swesr
Nacht	night	nuit	noche	notte	nox	nyx	nakta	nokt
acht	eight	huit	ocho	otto	octo	okto	aschtau	okto

*Diese Formen sind *erschlossen*!

SS: *Die auf der Folie genannten Sprachen zeigen Ähnlichkeiten im Wortschatz; sie gehören zu den indoeuropäischen Sprachen.*

(Die Grundfolie mit der Zusatzfolie 1 werden zusammen noch einmal gezeigt.)

L: Auf dieser Karte sieht es so aus, als ob in Amerika nicht-indoeuropäische Sprachen gesprochen werden. Nun wißt ihr aber doch, daß in den USA zum Beispiel englisch/amerikanisch gesprochen wird. Englisch ist eine indoeuropäische Sprache. Wie erklärt ihr euch, daß auf dieser Karte in Amerika keine indoeuropäischen Sprachen eingezeichnet sind?

SS: *Auf der Karte sind die in den entsprechenden Ländern b e h e i m a t e t e n indoeuropäischen Sprachen eingezeichnet. Englisch ist in Amerika nicht beheimatet, sondern von den Kolonialisten aus England mitgebracht worden. Daher wird heute auch in Amerika eine Sprache gesprochen, die aus der indoeuropäischen stammt. Ebenso wie die Engländer haben auch die Spanier und die Portugiesen ihre Sprache nach Südamerika gebracht.*

L: Auf dieser Karte seht ihr, wohin die Kolonialisten ihre Sprache gebracht haben.

(Besprechung der Folieneinträge)

(2. Zusatzfolie, auf die Grundfolie aufzulegen)

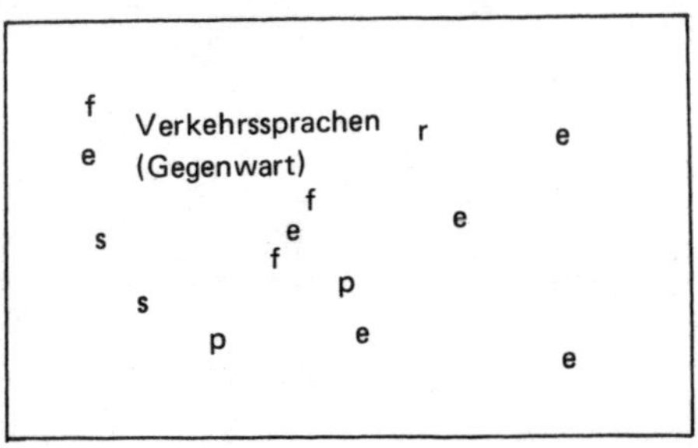

e = englisch
f = französisch
s = spanisch
p = portugiesisch
r = russisch

L: Zurück zu unserer eigenen Sprache: woher stammt die deutsche Sprache?
SS: Aus der germanischen Sprache.

(Bei der folgenden Folie sollte besonders gut entsprechend der Vorbildung der SS ausgewählt werden, so daß sie einerseits zwar nötige Informationen erhalten, andererseits aber nicht verwirrt werden.)

FOLIE

STAMMBAUM DER DEUTSCHEN SPRACHE

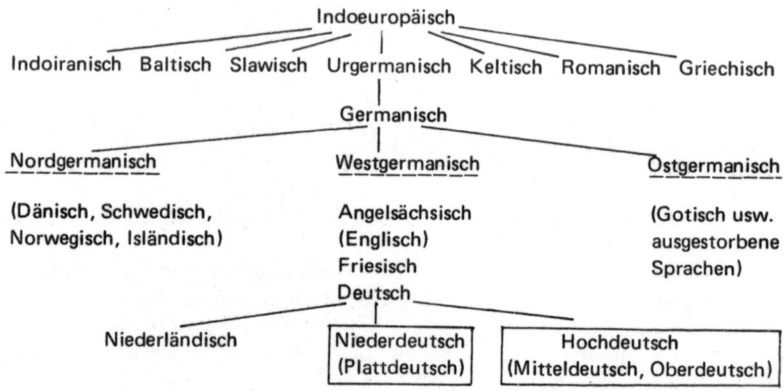

L: Übrigens: Stammen alle deutschen Wörter aus der germanischen Sprache?
SS: Die Fremdwörter stammen aus den lateinischen, griechischen ... Sprachen.
L: Auf der letzten Folie habt ihr gesehen, daß es Niederdeutsch und Hochdeutsch gibt. Wißt ihr, in welchen Teilen Deutschlands „Hochdeutsch" b e h e i m a t e t ist? Ich meine nicht, wo es überall heute gesprochen wird.

FOLIE

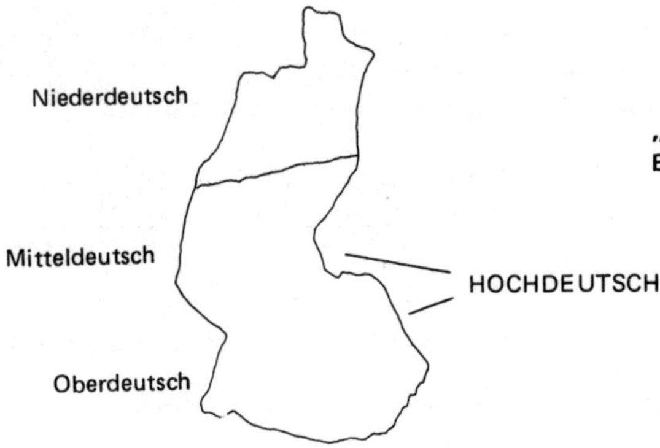

„Sprachen" in der Bundesrepublik Deutschland

Beispiele:	hochdeutsch	niederdeutsch
	ich (ch)	ik (k)
	machen (ch)	maken (k)
	das (s)	dat (t)
	Zeit (z)	tid (t)
	essen (s)	eten (t)
	Dorf (f)	dorp (p)

L: „Niederdeutsch" wird heute nur noch als Mundart, als Dialekt gesprochen. „Hochdeutsch" ist heute nicht mehr die Sprache des übrigen Deutschlands, sondern die offizielle (Schrift-) Sprache der Deutschen.
(Wdh.) Wie könnt ihr euch also erklären, daß heute in ganz Deutschland „Hochdeutsch" gesprochen wird, wenn auch mehr oder weniger perfekt?

SS: „Hochdeutsch" sagt heute nichts mehr über die Gegend Deutschlands aus; sie ist die verbindliche allgemeine Schriftsprache.

L: Die Schriftsprache wird allerdings selten im Familien- und Freundeskreis gesprochen. In welchen „Sprachen" drücken sich die Deutschen in diesen Bereichen aus?

SS: Mehr oder weniger stark in den Mundarten.

L: Wovon hängt es ab, welche Mundart ein Mensch spricht?

SS: Von der Sprache seiner Eltern, von der Gegend, in der er aufgewachsen ist und in der er wohnt.

L: Wißt ihr einige Beispiele zu Mundarten (Dialekten)?
(Noch einmal die letzte Folie „'Sprachen' in der BRD" zeigen)

SS: (nennen einige Mundarten).

L: Ihr seht: es gibt niederdeutsche und hochdeutsche Mundarten. Welche gehören zu den hochdeutschen?

SS: Mittel- und oberdeutsche Mundarten.

FOLIE

Deutsche Mundarten

A. Niederdeutsche: Westfälisch, Schleswigsch, Nordniedersächsisch ...

B. Hochdeutsche: 1. Mitteldeutsche; Pfälzisch, Hessisch ...
2. Oberdeutsche: Alemannisch, Schwäbisch, Ostfränkisch, Bairisch ...

(Literaturangabe: Der Sprachbrockhaus. Wiesbaden 1978, S. 448 ff. – Gliederung des deutschen Sprachgebiets; geographische Unterschiede im deutschen Wortschatz in Beispielen usw.)

L: Wer von euch findet bei dem folgenden Text heraus, um welche Mundart es sich handelt?

SS: (lesen den Text und versuchen, die Gedanken hochdeutsch wiederzugeben.)

FOLIE

Bayrisch

Der kleine Franzl aus Pullach fährt mit seinem Vater zum ersten Mal nach München.
Er ist sehr wißbegierig. Am Hauptbahnhof zeigt er auf eine Baustelle und fragt:
„Baba, was is denn des?"
Der Vater: „Ja mei, Bua, was woaß i."
Vor dem Rathaus fragt der kleine Franzl:
„Baba, was is jetzt des für a Haus?"
„Ja mei, Bua, kenna tu i's scho. Aber wie hoaßt jetzt des ..."
So geht es weiter: „Baba, was isa jetzt des für a Kirch?"
„Ja mei, Bua, die kenn i genau, aber ..."
Und etwas später: „Baba, was is jetzt des für a Tor?"
„Ja mei, Bua, fällt mir doch grad der Name net ei."
„Baba, soll i di lieber nix mehr fragn?"
„Naa, naa, Bua, frag nur, damit's d'was lernst."

Quelle: Das große Buch der Witze. Wiesbaden (Falken-Verlag) o.J., S. 101

FOLIE

Niederdeutsch

Rätsel

Hett väl Ogen un kann doch nich kieken. (Kartoffel)
Is kleener as'n Mus un dröggt 'n ganzet Hus. (Schnecke)
Een Peekenkleed, een spitze Schnut, veer korte Föt: so süht he ut. (Igel)

Quelle: Alschner, R.: Deutsch und Deutschkunde. III. Teil. Bonn 1951, S. 64 f.

FOLIE

Alemannisch

Wächterruf

Loset, was i euch will sage!
D'Glocke het Zehni gschlage.
Jez betet und jez göhnt ins Bett,
Und wer e rüeihig Gwisse het,
Schloft sanft und wohl! Im Himmel wacht
E heiter Aug die ganzi Nacht.

(J.P. Hebel)

Quelle: Echtermeyer: Deutsche Gedichte. Neugestaltet von Benno von Wiese, Düsseldorf 1966, S. 368

FOLIE

Pfälzisch

Aus der Schulprüfung

Der Schoolinspecktor saht emol
Uff dem Exame in der School:
„Der Herr hott aus dem Paredies
Adam unn Eva ausgewies,
Wer wäs't vunn eich, ehr ehr klähne Määd,
Warimm ersche hott furtgejäht?"

Nau streckt det Katt de Finger vor.
„No wanstet wäst, dann sah et nor!"
„Eich wääs, watt se hott angefang,
Sie sinn' em an die Ebbel gang."

(P. Rottmann)

Quelle: Bayerisches Lesebuch für höhere Lehranstalten. 2. Band. Bearb. von L.Krell u.a., München 1950, S. 125.

L: Ihr seht, die Mundarten sind recht verschieden voneinander. Nun versteht ihr, daß sich die Deutschen kaum richtig miteinander verständigen könnten, wenn sie nur ihre Mundart und nicht Hochdeutsch sprechen würden.
War denn das Hochdeutsche immer gleich?

SS: (Vermutungen über eine Sprachgeschichte)

L: Könnt ihr im folgenden Gedicht Hochdeutsch erkennen?

FOLIE

Ich saz ûf eime steine
und dahte bein mit beine;
dar ûf satzt ich den ellenbogen;
ich hete in mîne hant gesmogen
daz kinne und ein mîn wange.
dô dâhte ich mir vil ange,
wie man zer werlte solte leben;
(Walther von der Vogelweide)

SS: (lesen den Text und versuchen, die Gedanken neuhochdeutsch wiederzugeben.)
L: So hat das Hochdeutsche vor etwa 700 Jahren ausgesehen. Man nennt es „Mittelhochdeutsch“. Zuvor gab es das „Althochdeutsch“, das wir heute noch weniger gut verstehen:

FOLIE

Fater unsêr, thu in himilon bist,
giuuihît sî namo thîn,
quaeme rîchi thîn ...

SS: (lesen den Text und versuchen, die Gedanken neuhochdeutsch wiederzugeben.)
L: Dieses Althochdeutsch gab es vor ungefähr 1200 Jahren, also um 800 n.Chr. Den Beginn der neuhochdeutschen Sprache, die wir heute sprechen, finden wir bei Martin Luther vor etwa 450 Jahren:

FOLIE

Der herr ist meyn hirte, myr wirt nichts mangeln.
Er lesst mich weyden da viel gras steht und
fuhret mich zum wasser das mich erkulet ...
(Martin Luther)

SS: (lesen den Text und versuchen, die Gedanken neuhochdeutsch wiederzugeben.)
L: Gibt es Unterschiede zwischen dem Beginn des Neuhochdeutschen und dem heutigen Neuhochdeutsch?
SS: Luther hatte eine andere Rechtschreibung; einige Wörter sind heute veraltet. (mangeln, erkulen ...)

Literaturangabe: Didaktisch aufbereiteter sprachgeschichtlicher Lehrgang, in: Deutscher Sprachspiegel. Sprachgestaltung und Sprachbetrachtung. Ausgabe für Realschulen. Band 3. Erarb. von H. Glinz, K. Graucob, H. Bull, A. Stolpe, Düsseldorf 1968 (Schwann) 10. Aufl. 1978.
Enthält: Sprachliche Dokumente aus dem 19. bis 14. Jahrhundert, Auszug aus dem Nibe-

lungenlied, Gedichte Walthers von der Vogelweide, althochdeutschen Zauberspruch; jeweils mit Erklärungen. (S. 19-32)

Anregungen zur Vertiefung

Die Schüler suchen in alten Büchern (auch in kirchlichen Gebet- und Gesangbüchern) nach mittel- und frühneuhochdeutschen Texten (Wörtern) und vergleichen deren Sprache mit dem heutigen Neuhochdeutsch.
Die Schüler suchen im Atlas eine Sprachenkarte und stellen anhand dieser Karte eine Tabelle der einzelnen germanischen (Deutsch, Englisch, Norwegisch ...), romanischen (Französisch, Spanisch, Portugiesisch, Italienisch, Rumänisch, Rätoromaisch ...), slawischen (Polnisch, Tschechisch ...) und weiteren angegebenen Sprachen auf.
(Literaturangabe: Diercke Weltatlas, Braunschweig (Westermann) 1974, S. 95)

2. Nachschlagewerke des deutschen Wortschatzes

L: Was glaubt ihr wohl, woher ich erfahren habe, welche Bedeutung die althochdeutschen und mittelhochdeutschen Wörter haben?

SS: Aus Wörterbüchern.

L: Kennt ihr vielleicht mehrere Arten von Wörterbüchern?

SS: (Vermutungen)

L: Ihr habt sicher selber schon mit Rechtschreibwörterbüchern gearbeitet. Kann ich in solchen Wörterbüchern auch deutsche Wörter nachschauen, die es heute nicht mehr gibt? – Oder Fremdwörter? – Oder Erklärungen von deutschen, heute noch gebrauchten Wörtern?

SS: (Dazu sind spezielle Wörterbücher notwendig)

(Die SS gehen in Gruppen zu je 2-3 SS)

L: Ihr bekommt nun Wörterbücher. Eure Aufgabe ist, festzustellen, zu welcher Sorte von Wörterbüchern die einzelnen gehören. Dazu müßt ihr jedes Buch einmal kurz durchblättern und dann Einzelheiten ansehen. Schreibt euch von jedem Buch, das ihr hattet, den Titel auf und die Sorte, also zum Beispiel „Fremdwörterbuch“ oder „Bedeutungswörterbuch“ usw.

SS: (wiederholen die Aufgabe: Titel und Verwendungszweck eines jeden Buches auf einem Blatt Papier notieren.)

(Organisation der Wörterbucharbeit: Jede gebildete Gruppe erhält ein Wörterbuch. Nach etwa 3 Minuten – am Anfang etwas mehr Zeit, zum Schluß hin weniger – gibt jede Gruppe nach einem vorher festgelegten Schema ihr Buch an eine andere Gruppe weiter.)

Die SS erhalten folgende Wörterbücher (Vorschlag):

1. DUDEN-Rechtschreibwörterbuch
2. DUDEN-Bedeutungswörterbuch
3. DUDEN-Bildwörterbuch

4. DUDEN-Sinn- und sachverwandte Wörter
5. DUDEN-Stilwörterbuch
6. DUDEN-Fremdwörterbuch
7. DUDEN-Etymologie
8. Küpper, Wörterbuch der deutschen Alltagssprache (2 Bde.) (dtv)
9. Textor, Sag es treffender (rororo) (Synonymenwörterbuch)
10. Pekrun, Das deutsche Wort (Stauffacher-Verlag)
11. Kappe/Maiworm/Menzel, Unser Wortschatz (Westermann)
12. Guthmann, Schulwortschatz (Oldenbourg)
13. Der Sprachbrockhaus
14. Wahrig, Wörterbuch der deutschen Sprache (dtv)
15. Ullstein-Fremdwörterlexikon
16. Pekrun, Neues deutsches Wörterbuch (Pawlak-Verlag)
17. Paul, Deutsches Wörterbuch (Niemeyer-Verlag)
18. Mackensen, Großes Deutsches Wörterbuch (Südwest-Verlag)

Besprechung: Die Gruppen berichten von ihren Ergebnissen. An der Tafel oder auf einer Folie werden diese Ergebnisse fixiert:

TAFELANSCHRIFT/FOLIE

Wörterbücher

Bedeutungswörterbücher
Herkunftswörterbücher (Geschichte der Wörter)
Synonymenwörterbücher (Wörter mit ähnlicher Bedeutung)
Rechtschreibwörterbücher
Fremdwörterbücher
Bildwörterbücher
evtl. noch:
Fachwörterbücher (Berufssprachen)
Mehrsprachige Wörterbücher (z.B. deutsch-englisch)
Mundartwörterbücher

Dieses Ergebnis notieren sich die SS im Heft.

Anregungen zur Vertiefung

Die SS sollen sich in einer Bücherei oder einer Buchhandlung Wörterbücher zeigen und erklären lassen. Evtl. könnten sie Wörterbücher entleihen und in der Schule andere SS ansehen lassen (sehr auf Beschädigungen durch andere SS achten!).
Nachschlageübungen im Unterricht: der L nennt ein Wort, die SS schlagen es nach (Wettbewerb möglich!) und lesen die angegebene Bedeutung vor (Bedeutungserklärungen in verschiedenen Wörterbüchern mit den SS besprechen!). – Dadurch prägen sich die SS auch das Alphabet ein, nach dem sie sich beim Nachschlagen richten müssen. – Auffallend wenige Sekundarschüler beherrschen die Nachschlagetechnik gut!

Namenkunde

Eines der interessantesten Gebiete der Wortkunde ist wohl das der Personennamen (Vor- und Familiennamen). Ein Grund dafür ist, daß es scheint, man könne durch die Namenserklärung etwas über sich erfahren. Gerade bei Personennamen fällt immer wieder die ursprünglich individuelle Namengebung auf. Diese Namen sind zumeist nicht zufällige Lautgebilde, sondern eher aus Charakterisierungen, Segenswünschen, Idealvorstellungen, Zugehörigkeiten zu Gemeinschaften entstanden, also absichtlich und aus bestimmter Perspektive heraus gegeben worden. Erstaunlich ist, daß sie sich trotz teilweise erheblicher Änderungen der jeweiligen namengebenden Vorstellungen erhalten haben: wer heute den Familiennamen „Müller“ trägt, muß mit der Tätigkeit eines Müllers in keiner Weise etwas zu tun haben. Sein Name läßt nur die Herkunft seines Namens erkennen, nicht eine Charakterisierung seines Berufs.

Der Sachverhalt, daß Namen heute insbesondere aus der Kulturgeschichte einiges zu bieten haben, wird bei der wortkundlichen Betrachtung der Namen immer wieder auffallen. Namenkunde im Unterricht muß darüberhinaus darauf bedacht sein, daß es nicht zur Identifikation der Schüler mit ihren Namen kommt, denn dies könnte zu der Auffassung führen, daß die Wörter „Totalprojektionen“ darstellten. Einer solchen Auffassung muß allein schon vom sprachwissenschaftlichen (etymologie-theoretischen) Gesichtspunkt entgegengetreten werden, da sie das Wesen des Worts, insbesondere der Benennung, mißachtet.

Grundsatz der wortkundlichen Betrachtung ist, Wörter (hier Namen) als solche Charakterisierungen von Dingen zu verstehen, die den Benennunggebenden die wichtigen an den Dingen waren.

Zur Deutung der Namen in den folgenden Unterrichtsversuchen muß angemerkt werden, daß sie nicht in jedem Fall Anspruch auf „Richtigkeit“ erheben kann, also nur (wenn auch sprachwissenschaftlich nicht ungesicherte) Vermutungen wiedergibt. Eine annähernd genaue Interpretation eines Namens ist wohl nur dann möglich, wenn die geographische (örtliche) Herkunft des Namens sicher angegeben werden kann; wenn eindeutig klar ist, in welcher Zeit unter welchen Umständen (Fremdeinflüssen) und in welcher Sprache der Name entstanden ist.

Diese Einsicht den Schülern zu vermitteln wird (neben der Erklärung der Namen) das Lern- und Aufnahmevermögen der Schüler vermutlich übersteigen. Durch das Heranführen an den Gebrauch von Namenbüchern sollen sie befähigt werden, den Namen wenigstens nicht wortgläubig, naiv, nachzugehen, sondern Namengebung, Benennung als (bei den Namen heute zumeist nicht mehr zutreffende) Charakterisierung aus bestimmter Perspektive zu „verstehen".

Für das Vorhaben „Personennamen" darf an Kenntnissen nicht allzuviel vorausgesetzt werden: alte Sprachstände des Deutschen, aus dem viele Personennamen (besonders Familiennamen) stammen, sind den Schülern weitgehend unbekannt; es ist möglich, daß sie von einigen Berufen die richtigen Vorstellungen haben. Was sie aus dem bisherigen Unterricht vermutlich können, ist das Einordnen von Wörtern nach erarbeiteten Gesichtspunkten in ein Schema.

Der Unterrichtsversuch „Personennamen" gliedert sich auf in das Kennenlernen der Vornamen und der Familiennamen, und zwar nur derjenigen Namen, die die Schüler dieser Klasse tragen. Damit ist einerseits die notwendige Motivation für diese Stunde gegeben, andererseits eine solche Vorbereitung möglich, daß die Schüler genügend Auskunft über ihre Namen erhalten können. Wäre die Stunde so angelegt, daß die Schüler irgendwelche Namen fragen könnten, so bliebe der Erfolg der Stunde den namenetymologischen Kenntnissen des Unterrichtenden, vielleicht dem Zufall überlassen. Die Vorbereitung kann so gestaltet werden, daß nur solche Informationen zu den Namen gebracht werden, die von den Schülern aufgrund ihrer Kenntnisse in der allgemeinen Geschichte und der Geographie in bereits Bekanntes eingeordnet, somit eher verstanden werden können.

Aus den bisherigen Überlegungen können die folgenden Teil-Lernziele aufgestellt werden: Einsicht in die Herkunft und Bedeutung der Vor- und Familiennamen (der Schüler dieser Klasse), Fähigkeit, Gesichtspunkte für die Ordnung von Namen zu verstehen und die Namen entsprechend einzuordnen, Einsicht in verschiedene Benennungsweisen und Benennungsgründe und damit in ein Grundgesetz der Sprache, „verstehende" Einstellung zur Benennung im Sinne einer nicht-wortgläubigen Haltung (ein Mensch, der den Vornamen „Ernst" trägt, muß nicht ernst sein).

Um nicht einer dilettantisch betriebenen Etymologie Vorschub zu leisten, wird *nicht*, wie es vor allem in früheren Sprachbüchern üblich war, die Bedeutung althochdeutscher Silben angegeben.

Soweit von den Schülern nicht spontan die Frage nach der heutigen „Bedeutung" der Namen gestellt wird, soll sie vom Unterrichtenden kommen. Das Unterrichtsgespräch soll ergeben, daß das Wissen der Herkunft von Namen Einblick gibt in die Zeit, aus der sie stammen, in Eigenheiten und Kultur der Völker, die die Namen gebildet haben; die Schüler sollen sehen, daß die Namengebung heute weniger Angelegenheit der Tradition als vielmehr der Mode ist.

Die Frage, wozu man überhaupt einen Namen hat, soll die Schüler von ihren Namen weg zur Namenkunde lenken. Die Gedanken zu dieser Frage (etwa, um Personen „identifizieren" zu können) werden an einer weiteren Frage erprobt: „was ist ein Name?" – Es genügt, wenn von den Schülern die Antwort gegeben wird, ein Name sei eine Bezeichnung einer Person.

Zur Vorbereitung auf die Stunde über die Familiennamen werden die Schüler gefragt, welche Arten von Namen sie kennen. Mindestens Vor-, Ruf-, Familien- und Nachname sollten genannt und besprochen werden.

Zur Vertiefung können noch einige Fachausdrücke der Namenkunde geklärt werden: der Vorname kann aus mehreren (Vor-)Namen bestehen, und zwar aus dem „Rufnamen" (mit dem man üblicherweise angesprochen wird) und aus weiteren Namen, meist den Namen der Paten. Der Rufname kann ein einfacher Name oder ein sogenannter „Doppelname" sein (z.B. Klauspeter). Der Personenname besteht aus dem Vornamen und dem Familiennamen, den diejenigen Personen tragen, die zu einer Familie gehören (z.B. „Schmitt"). Unter einem „Mädchennamen" versteht man den Familiennamen einer verheirateten Frau, den sie vor der Heirat führte. Namensvetter sind Personen, die den gleichen Vor- oder Nachnamen tragen.

Die SS fühlen sich von den Deutungen ihrer Namen sehr angesprochen. Dies hat zur Folge, daß sie zwar sehr interessiert zuhören, sich jedoch auch teilweise recht lebhaft über einige Deutungen unterhalten, insbesondere auch über die Frage, inwieweit die Deutungen auf den jeweiligen Namensträger passen. Da gerade diese Unterhaltungen für den Unterrichtserfolg wesentlich sind (sie schaffen eine angeregte Arbeitsatmosphäre), dürfen sie nicht, insofern sie zeitmäßig in Grenzen gehalten werden, als Disziplinschwierigkeiten angesehen werden.

Gerade die Ablösung vom naiven Wort-/Namenglauben kann durch die Feststellungen über die Differenz von Namensbedeutung und -träger begünstigt werden.

Werden bei der Gruppenarbeit unterschiedliche Namen-Wörterbücher benutzt (und dies wird wohl die Regel sein), könnte es vorkommen, daß sich Schüler beklagen, nicht alle gesuchten Namen in „ihren" Wörterbüchern finden zu können. In diesem Fall kann die Gelegenheit wahrgenommen werden, die Schüler über die Benutzung von Wörterbüchern allgemein zu informieren: so muß unter anderem der Umfang berücksichtigt werden, wenn Vollständigkeit erwartet wird. Wenn es zeitlich möglich ist, sollten die Wörterbücher in den einzelnen Arbeitsgruppen kursieren. Dadurch können die Schüler auch viel eher dafür Verständnis aufbringen, daß die Erklärungen der Namen in den verschiedenen Büchern sich nicht unbedingt gleichen: daß sie in den umfangreicheren, ausführlicheren Wörterbüchern „länger" sind und mitunter auch verwirrend erscheinen können, wenn beispielsweise mehrere Deutungen zu einem Namen gegeben werden, mit Angabe des Sicherheitsgrades der Deutung.

Namen-Wörterbücher, die auch für Schüler geeignet sind:

1) Bahlow, H.: Deutsches Namenbuch. Neumünster 1933
2) ders.: Deutsches Namenlexikon. München 1967 / 3. Aufl. Frankfurt a.M. 1977
3) ders.: Liegnitzer Namenbuch. Lorch/Württ. 1975
4) Brechenmacher, J.K.: Deutsches Namenbuch. Stuttgart 1928
5) ders.: Deutsche Sippennamen. Görlitz 1938
6) ders.: Etymologisches Wörterbuch der deutschen Familiennamen. 2 Bände. Limburg a.d. Lahn 2. Aufl. 1957-1963
7) Drosdowski, G.: Lexikon der Vornamen. Mannheim 1968 / 2. Aufl. 1974
8) Feldmann, J.: Unsere Vornamen. Paderborn 2. Aufl. 1919
9) Fleischer, W.: Die deutschen Personennamen, Berlin 1964
10) Gottschald, M.: Deutsche Namenkunde. Berlin 4. Aufl. 1971
11) Heimerans Vornamenbuch. Erw. u. bearb. von H. Rosenfeld. Passau 1968
12) Heintze, A. / Cascorbi, P.: Die deutschen Familiennamen geschichtlich, geographisch, sprachlich. Berlin 7. Aufl. 1933
13) Linnartz, K.: Unsere Familiennamen. Bonn 3. Aufl. 1958 (2 Bände)
14) Mackensen, L.: 3876 Vornamen. München 1969
15) ders.: Großes Deutsches Wörterbuch. München 1978
16) Schröder, E.: Deutsche Namenkunde. Göttingen 1938
17) Schwarz, E.: Deutsche Namenforschung. Göttingen 1949/50
18) Seibicke, W.: Vornamen. Wiesbaden 1977
19) Selchow, B. von: Das Namenbuch. Leipzig 2. Aufl. 1938
20) Wasserzieher, E.: Hans und Grete. 18. Aufl. Bonn 1972 (1. Aufl. 1920)
21) Wentscher, E.: Die Rufnamen des deutschen Volkes. Halle/S. 1928. (Nur S.37-52)

Anregungen zu Schülerübungen in:

Kappe, F. / Maiworm, H. / Menzel, W.: Unser Wortschatz. Braunschweig (Westermann) 1976 (330-338). Didaktische Hinweise sind im zugehörigen Lehrerband zu finden (54-57).

1. Vornamen

L: Einstieg: Ich vermute, daß jeder von euch schon einmal über seinen Namen nachgedacht und überlegt hat, was dieser wohl bedeutet.
Jeder von euch hat doch zwei verschiedene Namen:

SS: *Vor- und Familienname*

L: Warum heißt du mit Familiennamen „Durban"?

SS: *Die Eltern tragen diesen Namen.*

L: Und woher hast du deinen Vornamen?

SS: *Er ist von den Eltern g e w ä h l t.*

FOLIE

Bernd, Thomas, Nadja, Burkhart, Peter, Manfred, Stefan, Martin, Martina Claudia, Beate, Andrea, Sabine, Susanne, Iris, Natalie, Marlene, Christa, Dirk, Rainer, Jutta, Ingeborg, Benno, Ludwig, Erich, Günter.

L: Aus welchen Sprachen könnten diese eure Namen stammen, was könnten sie bedeuten?

SS: *(Vermutungen: Sprache der Germanen)*

L: Nicht alle Namen stammen aus der deutschen Sprache. Einige gehen auf die Sprache der Bibel und der christlichen Kirche zurück. Welche Sprachen sind damit gemeint?

„Erdkunde"-karte/Folie
mit folgenden Ländern: Europa, Mittelmeerländer. („Israel" vor 2000 Jahren, Griechenland, Italien und der übrige Herrschaftsbereich während ihrer Blütezeit)

SS: *Sprache der Römer: Lateinisch. Griechisch. Sprache Israels: Hebräisch.*

L: Der Name „Peter" kommt bereits in der Bibel vor. Wie heißt er dort?

SS: *Petrus*

L: Ordnen wir nun eure Namen nach ihrer Herkunft! Ihr erfahrt jetzt auch, was diese Namen früher bedeutet haben.

FOLIE (die Namen werden jeweils zu den Erklärungen eingetragen)

Namen aus dem Christentum	**altdeutsche Namen**	**„fremdländische" Namen**
Thomas	Burkhart	Nadja
Peter	Bernd	
Stefan	Manfred	
Martin, Martina	Dirk	
Claudia	Rainer	
Beate	Jutta	

FOLIE (Fortsetzung von S. 31)

Andrea	Ingeborg
Christa	Benno
Susanne	Ludwig
Iris	Erich
Sabine	Günter
Marlene	
Natalie	

Thomas	(aus der hebräischen Sprache, der Sprache der Juden in Israel; „Zwilling")
Peter	(aus der griechischen Sprache; „Fels")
Stefan	(griech.: „der Siegbekränzte")
Martin	(aus der lateinischen Sprache, der Sprache der Römer in Italien u.a.; „dem Kriegsgott Mars zugehörig", „der Kriegerische"); weibliche Form: Martina
Claudia	(lat.; Frau aus der Familie der Claudier)
Beate	(lat.; „die Glückselige")
Andrea	(griech.; „die Mannhafte, Starke")
Christa	(griech.; „die Gesalbte")
Susanne	(hebr.; „die Lilie")
Iris	(griech.; -Regenbogen; „Götterbotin")
Sabine	(lat.; Frau aus der „Familie" der Sabiner)
Marlene	(hebr.; Kurzform von „Maria Magdalena", Maria aus dem Ort Magdala am See Genezareth)
Natalie	(lat.; „die am Weihnachtsfest Geborene")
Nadja	(russ.; Verkleinerungsform zu Nadežda „die Hoffnungsvolle")
Burkhart	(altdeutsch; „der stark Schützende")
Bernd	(altd.; Kurzform von „Bernhard", „der Bärenstarke")
Manfred	(altd.; „der schützende Held")
Dirk	(altd.; Kurzform von Dietrich „Volksbeherrscher")
Rainer	(altd.; „Ratgeber im Heer")
Jutta	(altd.; „die Kämpferin")
Ingeborg	(altd.; „im Schutz Ingos" – Ingo: Gott eines germanischen Stammes)
Benno	(altd.; „der Bär" – Kurzform von Bernhard)
Ludwig	(altd.; „der Ruhm und Kampf liebt")
Erich	(altd.; „Ehrenherrscher")
Günter	(altd.; „Kämpfer im Heer")

(Nach den Erklärungen notieren sich die SS das Schema mit den eingetragenen Namen in ihren Heften)

L: Woher könnte ich diese Erklärungen haben?

SS: Aus Namen-Wörterbüchern

L: Sind euch Unterschiede bei den Bedeutungen der christlichen und der altdeutschen Vornamen aufgefallen?

SS: Christl.: Zusammenhang mit Gott – altdeutsche: Zusammenhang mit Kampf, Stärke

L: Heißt das, daß die Personen mit deutschen Namen stark und kampflustig und die mit christlichen Namen fromm sind?

SS: *(Namen hatten nur zum Zeitpunkt ihrer Entstehung eine Bedeutung für den Namensträger)*

L: Ist es dann sinnvoll, sich heute noch mit Namen zu beschäftigen?

SS: *Sie geben Einblick in die Zeiten, aus denen sie stammen.*

L: Wozu hat man überhaupt einen Namen?

SS: *(Zur Identifikation einer Person)*

L: Was ist ein Name?

SS: *(Bezeichnung einer Person)*

L: Welche Arten von Namen kennt ihr außer den Vornamen?

SS: *Rufnamen, Familiennamen, Nachnamen ...*
Mädchennamen, Doppelnamen ...
(jeweils mit Erklärung)

L: Ihr kennt sicher noch weitere Vornamen, deren Herkunft und Bedeutung ihr nicht wißt.

SS: *(nennen weitere Vornamen)*

L: Ihr bekommt nun solche Namen-Wörterbücher, in denen ich die Erklärungen eurer Namen gefunden habe. Schlagt nun weitere Namen nach und notiert deren frühere Bedeutung!

(die SS erhalten Namen-Wörterbücher und arbeiten in Gruppen zu je 3-4 SS damit.)

Anregungen zur Vertiefung

1. Die SS fertigen als Hausaufgabe über ihre Ergebnisse beim Nachschlagen einen Hefteintrag an.

2. **FOLIE**

Vornamen

Während der Völkerwanderung sind deutsche Namen weit über die Grenzen des heutigen deutschen Sprachgebietes hinausgetragen worden.
Allerdings haben sie sich daraufhin in ihrer Schreibung verändert.

deutsch	**italienisch**	**spanisch**	**französisch**	**englisch**
Karl	Carlo	Carlos	Charles	Charles
Heinrich	Enrico	Enrique	Henri	Henry
Friedrich	Frederico	Frederico	Frédéric	Frederik
Franz	Francesco	Francisco	François	Frank
Wilhelm	Guglielmo	Guillermo	Guillaume	William
Peter	Pietro	Pedro	Pierre	Peter
Helene	Elena	Elena	Helene	Helen

deutsch	**russisch**
Johann	Iwan
Theodor	Fedor
Waldemar	Wladimir
Helga	Olga
Paul	Pawel

2. *Familiennamen*

(im Anschluß an die Stunde über die Vornamen)

L: Ihr wißt nun ein wenig Bescheid über euere Vornamen. Wie steht es denn mit euren Familiennamen?

SS: (äußern Vermutungen)

FOLIE

Heidt, Meier, Matthiss, Hoeppe, Ebener, Kornmeier, Förster, Kaltschmitt, Kirchhoffer, Ehrenfried, Durban, Kientz, Rudloff, Müller, Schneider, Hetzel, Börsig, Haas, Sauer, Kretschmer, Woitkowiak, Merkl, Hanusch, Flötzer, Kron, Fritsch.

L: Wie könnten diese Namen geordnet werden? Genauso wie die die Vornamen? (im U-Gespräch werden folgende Kriterien erarbeitet und auf einer Folie notiert:)

FOLIE

FAMILIENNAMEN

Benennung nach:

Örtlicher Herkunft (Wohnstätte)	Beruf	Vatername (Vorname des V.)	Eigenarten des ersten Namensträgers

L: Versucht einmal, euere Familiennamen in diese Tabelle einzuordnen!

SS: (Gelenkte Überlegungen; jede von einem S richtig genannte Einordnung darf von ihm auf der Folie notiert werden.)

(Nun folgen die Erklärungen der einzelnen Namen und deren Einordnung in die Tabelle)

Erklärungen:

Heidt	(Bewohner eines Heidegebiets)
Ebener	(aus der Ebene stammend)
Kornmeier	(Wohnsitz am Kornhof, einem Hof, an dem vorwiegend Korn verarbeitet wird – wenig Viehhaltung)
Kirchhoffer	(Wohnsitz am Kirchhof)
Meier	(Besitzer eines großen Bauerngutes)
Förster	(Verwalter des herrschaftlichen Hausbesitzes / des Forstes)
Kaltschmitt	(Kupferschmied, Kesselflicker)
Müller	(einer, der eine Mühle hat)
Schneider	(Kleidermacher, Tuchwarenhändler)
Kretschmer	(Krüger, Schenkwirt, Wirt)
Flötzer	(aus „Flößer", Floßknecht, d.h. Person, die demjenigen hilft, den wir heute „Flößer" nennen)
Matthiss	(Name „Matthias": „Geschenk Gottes")
Ehrenfried	(Name „Ehrenfried")

Durban	(Name des Heiligen „Urban“: „der Städter“)
Hetzel	(Name „Hazzo“: „Kampf“)
Börsig	(Name „Boris“: (slaw. „Kämpfer“)
Fritsch	(Name „Friedrich“: „schützender Herrscher“)
Hanusch	(Name „Hans“: „Gott ist gnädig“)
Merkl	(Name „Markward“: „der die Grenze bewacht“, „Grenzwart“)
Hoeppe	(„Hüpfer, Humpler“)
Kientz	(„der Kühne“)
Rudloff	(„der Siegreiche“)
Haas	(„der Kämpfer“)
Sauer	(„herb, bitter, grimmig“)
Kron	(aus „Kranich“: „würdevoll Schreitender“)
Wojtkowiak	(„der Heldenhafte, Kriegerische“ – vgl. polnischer Vorname „Wojtek“)

Nach den Erklärungen sehen die SS folgende Eintragung auf der Folie:

FOLIE

FAMILIENNAMEN

Benennung nach:

Örtlicher Herkunft (Wohnstätte)	Beruf	Vatername (Vorname des V.)	Eigenarten des ersten Namensträgers
Heidt	Meier	Matthiss	Hoeppe
Ebener	Förster	Ehrenfried	Kientz
Kornmeier	Kaltschmitt	Durban	Rudloff
Kirchhoffer	Müller	Hetzel	Haas
	Schneider	Börsig	Sauer
	Kretschmer	Fritsch	Kron
	Flötzer	Hanusch	Wojtkowiak
		Merkl	

L: Wie steht es heute mit der Bedeutung eines Namens und demjenigen, der ihn trägt?

SS: *Die Familiennamen sind „geerbt“; wenn sie heute noch etwas über die Namensträger aussagen würden, wäre dies reiner Zufall.*

L: Ihr kennt sicher weitere Familiennamen, deren Bedeutung ihr nicht wißt!

SS: *(nennen Namen von Freunden usw.)*

L: Setzt euch wieder zu kleinen Gruppen zusammen! Ihr dürft nun in den großen Wörterbüchern nachschlagen. Schreibt euch die Namen und deren Bedeutung auf, damit wir nachher vergleichen können!

SS: *(die SS erhalten Namen-Wörterbücher und arbeiten in Gruppen zu je 3-4 SS damit. – Zeitbegrenzung!)*

(Die Ergebnisse der SS werden in dieser oder der nächsten U-Stunde besprochen.) Nach Möglichkeit sollten auch diese Namen in die Tabelle eingeordnet werden.)

Anregung zur Vertiefung

FOLIE/Arbeitsblatt (Beispiele erklären!)

NAMENKUNDE

1) Vornamen

Namen aus dem Christentum	altdeutsche Namen	„fremdländische" Namen
Thomas	Egon	Nadja
Susanne	Holger	...
Katharina	Ingeborg	...
...	...	...

2) Familiennamen entstanden aus:

a) Vaternamen (aus dem Rufnamen des Vaters)
 – Petersen, Stephan ...

b) Berufsnamen (aus dem Beruf des Vorfahren)
 – Metzger, Fischer ...

c) Wohnsitznamen (aus dem Wohnsitz der Vorfahren)
 – Kirchhoff ...

d) Herkunftsname (aus dem Herkunftsland oder -ort)
 – Bayer, Franke ...

e) Hausnamen (aus dem Hauszeichen, das jedes Wohnhaus trug)
 – Hirsch ...

f) Eigenschaftsnamen (aus besonderen Eigenschaften des Ahnen)
 – Schwarzkopf ...

g) Übernamen (aus Spitznamen)
 – Krautwurst (nach bevorzugten Speisen benannt)

h) Übersetzungsnamen (aus der lateinischen/griechischen Sprache)
 – Faber (Schmied) ...

Katharina: „Die Reine"
Egon: „Schwertspitze", „Wodanswolf"
Holger: „Freund und Speerträger"

3. Ortsnamen

Die Ortsnamen sind die Namen bewohnter und nichtbewohnter Orte, also von Flüssen, Seen, Meeren, Bergen, Hügeln, Wäldern, Fluren, Landschaften, Ländern, Siedlungen samt ihren Straßen und Wegen (vgl. STURMFELS/ BISCHOFF, 1961, S. 183).

Grundsätzlich sind Ortsnamen, ebenso wie Personennamen, ursprünglich „motiviert", also von ihrer „Bildung" her „durchsichtig", „redende Namen", um dies mit einem Ausdruck des Sprachforschers DORNSEIFF zu belegen (s. d., 1940). Sie geben Hinweise auf Besonderheiten des Ortes oder auch auf besondere Tätigkeiten des Menschen an diesem Ort, auf Besitzverhältnisse und Wohnverhältnisse. Ortsnamen lassen sich oftmals bis zur Ortsgründung zurückverfolgen; die Deutung muß allerdings die Veränderung der Sprache und der benennenden Gegebenheiten berücksichtigen.

Von der Wortbildung her gesehen sind die Ortsnamen meist entweder (motivierte) einfache Wörter oder Zusammensetzungen, wobei die geographische Umgebung (Wasser, Wald), Pflanzenwuchs, Tierbestand, Himmelsgegend, eigentümliche Bodenbeschaffenheit sowie die menschliche Tätigkeit und Personennamen für die Wortbildung benutzt wurden.

Aus der Benennung eines Ortes kann somit über diesen Ort einiges in Erfahrung gebracht werden, was heutzutage nicht mehr auf ihn zutreffen muß. Den Schülern diesen Gedanken zu vermitteln, ist ein Ziel dieses Unterrichtsversuchs. Für die Unterrichtung in Wortkunde allgemein gilt, daß die Kenntnis unmotiviert scheinender Wörter (Namen) zunächst einmal Eigenarten der Sprache aufdeckt, erst danach Besonderheiten dessen, wovon ein Wort „handelt". Das heißt, daß im Wortkundeunterricht Benennungsweisen vermittelt werden, nicht (erst in zweiter Linie) Stoff, der etwa im Fach „Geographie" untergebracht ist.

Ortsnamen-Wörterbücher, die auch für Schüler geeignet sind:

1) Feldmann, J.: Ortsnamen, Halle a.d.S. 1925
2) Helbok, A.: Die Ortsnamen im Deutschen, siedlungs- und kulturgeschichtlich betrachtet, Berlin 1944
3) Kleinpaul, R.: Die Ortsnamen im Deutschen, Berlin/Leipzig 1912
4) Krieger, A. (Bearb.)/Bad. Histor. Kommission (Hrsg.): Topographisches Wörterbuch des Großherzogtums Baden, Heidelberg 1898
5) Mentz, F.: Deutsche Ortsnamenkunde, Leipzig 1921, 3.Aufl. 1936
6) Sturmfels, W.: Etymologisches Lexikon deutscher und fremdländischer Ortsnamen, Berlin/Bonn, 2.Aufl. 1931
7) Sturmfels, W./Bischoff, H.: Unsere Ortsnamen, Bonn, 3.Aufl. 1961

Zur weiteren Orientierung empfehlenswert:

Glinz, H./Graucob, K. u.a.: Deutscher Sprachspiegel. Sprachgestaltung und Sprachbetrachtung. Ein Unterrichtswerk. Ausgabe für Realschulen in drei Bänden. Düsseldorf (Schwann), 11.Aufl. 1976, Band 2, Kapitel „Straßennamen, Ortsnamen und Flurnamen" (S. 43-46).

Anregungen zu Schülerübungen in:

Kappe, F./Maiworm,H./Menzel, W.: Unser Wortschatz, Braunschweig (Westermann) 1976 (S. 338-341). Didaktische Hinweise sind im zugehörigen Lehrerband zu finden (S. 58f.)

Ortsnamen

L: Kann sich jemand von euch vorstellen, was der Ortsname „Koblenz" bedeutet?
SS: (Vermutungen)
L: Vielleicht fällt euch die Deutung von „Waldulm" leichter!
SS: (Vermutungen)
L: Könnt ihr euch denken, wie Ortsnamen überhaupt entstehen?
SS: (Lage des Ortes, Ortsgründer usw.)

FOLIE

Gundelfingen, Gössenheim, Königshofen, Rheinbischofsheim, Bayreuth, Freistett, Durbach, Steinach, Düsseldorf, Heilbronn, Frickenhausen, Waldkirch, Waldulm, Koblenz, Bochum, Lindau, Fladungen, Güntersleben, Harthausen, Hammelburg, Frankfurt, Wiesenfeld, Langenschwand, Münster, Rothausen, München, Gernrode.

L: Wie könnten diese Ortsnamen zusammengehören?
SS: (SS suchen zusammengehörige Ortsnamen und benennen die Kriterien für die Zusammengehörigkeit. – Gelenktes Unterrichtsgespräch!)

(Folgende Ordnungskriterien werden erarbeitet: Unsere Vorfahren als Ortsgründer; Wohnorte unserer Vorfahren: Baum-/Waldorte, Wasserorte, Feld-/Wiesenorte; Rodungsnamen; weltliche/kirchliche Herren als Ortsgründer)
Diese Kriterien werden auf einer Folie festgehalten (s.u.).
– Erklärung der Ortnamen –
Im Anschluß an die Namenerklärung wird jeder Ortsname von den SS in die Tabelle eingeordnet.

Gundelfingen:	bei den Leuten/Nachkommen des Gundolf
Gössenheim:	Heim des Götz
Königshofen:	(keine Bedeutungsveränderung bis heute)

Rheinbischofsheim:	Heim eines Bischofs am Rhein (Bischof von Straßburg)
Gernrode:	die Rodung von Gero (Personenname)
Bayreuth:	Rodung der Bayern
Freistett:	Stätte des Frego (Koseform von Frecholf)
Durbach:	wasserarmer Bach (Gegenteil: Reichenbach)
Steinach:	Dorf an steinigem Wasser
Düsseldorf:	Siedlung an der Düssel, am Wasser
Heilbronn:	Heiligbrunn; verehrtenwerter Brunnen
Frickenhausen:	bei den Häusern des Fricco
Waldkirch:	Kirche am Wald
Waldulm:	Wald bei wasserreichem Land (Ulme – sumpfiges Land)
Koblenz:	(„die Zusammenfließenden" – Rhein und Mosel)
Bochum:	(Buche)
Lindau:	(Linde)
Fladungen:	„bei den Leuten/Nachkommen des Flad"
Güntersleben:	„bei den Nachkommen des Güntes
Harthausen:	Siedlung am Bergwald
Hammelburg:	Berg des Hamalun
Frankfurt:	Flußübergang der Franken
Wiesenfeld:	(keine Bedeutungsveränderung bis heute)
Langenschwand:	in der langen Schwende (die Stelle, an der das Holz zum Schwinden kam)
Münster:	Kloster
Rothausen:	zu den Häusern bei der Rodung
München:	„bei den Mönchen"

FOLIE

Ortsnamen

Unsere Vorfahren als Ortsgründer (Namen)	Wo wollten unsere Vorfahren wohnen? Baum-, Waldorte	Wasserorte	Feld- und Wiesenorte	Rodungsnamen	Weltliche/kirchliche Herren als Ortsgründer
Gundelfingen	Waldkirch	Durbach	Freistett	Gernrode	Königshofen
Gössenheim	Bochum	Waldulm	Düsseldorf	Bayreuth	Rheinbischofsheim
Frickenhausen	Lindau	Steinach	Wiesenfeld	Langenschwand	Hammelburg
Fladungen	Harthausen	Heilbronn		Rothausen	Münster
Güntersleben		Koblenz			München
		Frankfurt			

(Es ist zweckmäßig, wenn an dieser Stelle einige Ortsnamen der unmittelbaren Heimat der SS besprochen werden könnten.
Zu den Vermutungen der SS zu der Bedeutung von Ortsnamen sollte gesagt werden, daß

man bei allen Ortsnamenerklärungen vorsichtig sein muß, denn man täuscht sich leicht, wenn man den ursprünglichen Namen des Orts und die Sprachgeschichte nicht kennt.
Nur wenn die Ortsnamenbücher in genügender Anzahl für die Gruppenarbeit zur Verfügung stehen, kann selbständiges Nachschlagen weiterer Ortsnamen während des Unterrichts erfolgen.
Für die Nacharbeit empfiehlt sich, die SS einige Beispiele aus dem Atlas finden zu lassen, die in die Tabelle eingeordnet werden.)

Anregung zur Vertiefung

FOLIE

Bedeutung von Silben in Ortsnamen

— ach Wasser
— au wasserreiches Wiesenland
— bach, -beck, Bach
— beuren, -buren bei den Bauern (Häusern)
— bostel, -büttel Wohnstätte
— brink, -bühl Hügel
— bruch Sumpf
— furt Flußübergang
— hag Buschwerk
— hardt, -hart Wald
— kirn Mühle
— leben Erbgut, Hinterlassenschaft
— loch, -loh, -lohn Lichtung, Gebüsch
— mar Sumpf
— rad, -reut, -ried, -rode Rodung
— stauf Fels
— ungen, -ingen Sippe des ...
— wede, -wiede Gehölz

Bei manchen Siedlungen ist die ursprüngliche Siedlungs f o r m (Haus, Hof, Hütte, Zimmer) zum Ortsnamen geworden. Mit zunehmender Besiedelung traten zur Angabe der Siedlungsformen genauere Bezeichnungen, z.B.
Ober-, Unter-, Alt-, Neu-, Nord-, Süd-, Berg-, Tal-, Fluß-, Moos-, ...

FOLIE

Vergleich von Ortsnamen in nieder- und oberdeutschen Gebieten

Niederdeutsch	Oberdeutsch
-beck, -bek, -beeke:	-bach:
-husen:	-hausen:
-buren:	-beuren:

Wortkunde: 1. Etymologische Betrachtungsweise

In älteren Sprachbüchern werden auch die Wörter für Wochentage/Monate und für Pflanzen und Tiere als „Namen" verstanden. Im neueren, an die Ergebnisse der Sprachwissenschaft angelehnten Sprachgebrauch unterscheidet man heute zwischen Eigennamen und Gattungsnamen, wobei letztere synonym mit „Wort" verwendet wird.
Ein Eigenname ist „ein Hauptwort zur Bezeichnung

1) eines bestimmten lebenden oder als lebend gedachten Einzelwesens („Karl" ...);
2) einer bestimmten Örtlichkeit im weitesten Sinne (Europa ...);
3) einer bestimmten gegenständlichen Sache („Hanseatic" für ein Schiff ...);
4) einer bestimmten menschlichen Einrichtung (Eisenhütte „Merkur" ...);
5) eines bestimmten literarischen, musikalischen, wirtschaftlichen, militärischen Werkes oder Planes („Der Hauptmann von Köpenick" ...)."

(Aus: Der Sprachbrockhaus. Deutsches Bildwörterbuch, 8.völlig neu bearb. u. erw. Aufl., Wiesbaden 1978, S. 459)

a) Wörter für Wochentage und Monate

Voraussetzung bei den Schülern ist die Kenntnis der Gestalten der germanischen Götterwelt und der römischen Mythologie. Dazu eignen sich spezielle Lesestücke, wie sie des öfteren in Lesebüchern abgedruckt sind.
Sowohl zur Vorbereitung als auch für SS-Nachschlageübungen können die deutschen etymologischen Wörterbücher benutzt werden:

1) Kluge, F./bearb. von W.Mitzka: Etymologisches Wörterbuch der deutschen Sprache, 20.Aufl., Berlin 1967
2) Paul, H. (neu bearb. von W.Betz): Deutsches Wörterbuch, Tübingen, 5.Aufl. 1965
3) Wasserzieher, E.: Woher? Ableitendes Wörterbuch der deutschen Sprache, Bonn, 18. Aufl., 1974

Nicht für Schüler geeignet:

4) Köhler, A.: Lebendiges Deutsch, Berlin 1949
5) Mackensen, L.: Deutsche Etymologie, Birsfelden-Basel 1977
6) Schirmer, A./Mitzka, W.: Deutsche Wortkunde, Berlin 1969
7) Schmidt, W.: Deutsche Sprachkunde, Berlin, 2.Aufl. 1969

L: Habt ihr schon einmal darüber nachgedacht, woher die Wochentage ihre Namen haben?
SS: *(Vermutungen)*
L: Könnt ihr euch denken, warum die Wochentage gerade so benannt sind? Scheint denn am Sonntag immer die Sonne usw.?
SS: *(Vermutungen)*
L: Drei Tage in der Woche sind nach altdeutschen, germanischen Göttern benannt. Welche Tage könnten das sein?
SS: *(Vermutungen)*

Ergebnis dieses Gesprächs:
Dienstag – Ziu, Kriegsgott (Beiname Thingsus)
Donnerstag – Donar, Wettergott
Freitag – Frija, Liebesgöttin

L: Sonntag und Montag sind nach Gestirnen benannt!
SS: *Sonntag: Tag der Sonne, Montag: Tag des Mondes*
L: „Samstag" ist eine Kurzform von „Sabbat", einem Wort der Juden!
SS: *Samstag: Feiertag*

FOLIE

Namen der Wochentage

Sonntag:	Tag der Sonne/des Sonnengottes
Montag:	Tag des Mondes/der Mondgöttin
Dienstag:	Tag des „Ziu"*, des germanischen Kriegsgottes
Mittwoch:	mittlerer Tag der Woche
Donnerstag:	Tag des „Donar", des germanischen Wettergottes
Freitag:	Tag der „Frija", der germanischen Liebesgöttin
Samstag:	Kurzform von „Sabbat", dem „jüdischen" Wort für „Feiertag", „Ruhetag"

(*vgl. niederalemannisch „Zischdig" für Dienstag)

SS: *(Hefteintrag)*

L: Nun überprüft in den Wörterbüchern, ob diese Erklärungen zutreffen!
SS: *(Wörterbucharbeit in Gruppen, Dauer: bei nachschlaggeübten Klassen etwa 10 Min.)*

(Besprechen der Ergebnisse beim Nachschlagen, evtl. Ergänzung des Hefteintrags.)

L: Wie könnten wir feststellen, welche Bedeutung die einzelnen Monatsnamen haben?
SS: *Durch Nachschlagen.* –

Wörterbucharbeit, die Ergebnisse werden von einzelnen SS auf der Folie notiert.

(Besprechung der Ergebnisse – Erklärungen zu römischen Göttern)

L: Ist euch schon aufgefallen, aus welcher Sprache die Monatsnamen stammen?

SS: Aus der Sprache der Römer, der lateinischen Sprache.
L: Aus welcher Sprache stammen unsere Wochentagsnamen?
SS: Aus der germanischen Sprache, aus der sich die deutsche entwickelt hat.

FOLIE (Hefteintrag)

Monatsnamen

Januar:	Zeit des Janus, des römischen Gottes mit den zwei Gesichtern; er sieht das, was vor und was hinter ihm liegt
Februar:	Zeit der „februa", der Sühneopfer, die die Römer zu dieser Zeit brachten (eigentlich war diese Zeit das „römische Jahresende")
März:	Monat, der dem „Mars", dem römischen Kriegsgott geweiht war (erster „römischer" Monat des Jahres)
April:	Monat, der die Erde öffnet
Mai:	Monat der „Maia", der Göttin des Wachstums
Juni:	Monat der „Juno", der Frau des obersten römischen Gottes Jupiter
Juli:	Monat des „Julius Cäsar", der den römischen Kalender verbesserte
August:	Monat des römischen Kaisers zur Zeit Christi, des „Augustus"
September*:	siebter Monat im römischen Jahr
Oktober:	achter Monat im römischen Jahr
November:	neunter Monat im römischen Jahr
Dezember:	zehnter Monat im römischen Jahr

* Die Deutschen haben die Monatsnamen von den Römern übernommen. Nicht jedoch das Datum des Jahresanfangs: bei den Römern begann das Jahr mit dem März. In dieser Zeit rüsteten sie nach dem Winter wieder für einen Kriegsfall; deshalb war ihr erster Monat dem Kriegsgott „Mars" geweiht.

L: Welche Bedeutung hat eigentlich das Wort Woche?
SS: Zusammenhang mit „Wechsel": die Mondviertel wechseln genau nach einer Woche, nach sieben Tagen.
L: Und das Wort „Monat"?
SS: Zusammenhang mit „Mond"; Bewegung des Mondes während eines Monats; Mond als Zeitmesser.

Anregungen zur Vertiefung

1. Vergleich der deutschen und englischen (französischen) Wochentagsnamen: die englischen hängen unmittelbar mit den deutschen zusammen außer „wednesday" (Wodan – oberster germanischer Gott) und „saturday" (Saturn, *römischer* Gott des Ackerbaus, der Obst- und Weinkultur). Die französischen gehen auf lateinische Wörter bzw. Gottheiten zurück: „dimanche" (Tag des Herrn – dies dominica), „lundi" (Luna, römische Mondgöttin), „mardi" (Mars, römischer Kriegsgott), „mercredi" (Merkur, römischer

Gott des Handels), „jeudi" (Jupiter, oberster römischer Gott), „vendredi" (Venus, Göttin des Frühlings und der Gärten), „samedi" (Sabbat, s.o.).
Gründe für die Abstammung der deutschen und englischen Wochentagsnamen von germanischen Gottheiten, der französischen Namen von römischen Göttern könnten vom Lehrer anhand von Sprachentwicklungsfolien dargestellt werden.

2. Hinweis und Erklärung der von Karl dem Großen eingeführten und heute vergessenen deutschen Monatsnamen (wintarmanot, hornung, lenzinmanot, ostarmanot, winnemanot, brachmanot, hewinmanot, aranmanot, windumanot, herbistmanot, heiligmanot). Spätere Bezeichnungen: Hartung, Hornung, Lenzing, Ostermond, Wonnemond, Brachmond, Heuert, Ernting, Scheiding, Gilbhart, Nebelung, Julmond. (Vergleich mit mundartlichen Bezeichnungen!)

3. SS schlagen die Bedeutung der Namen von Feiertagen nach: Weihnachten, Gründonnerstag, Karfreitag, Ostern, Pfingsten, Fronleichnam, Heiligabend, Advent ...

b) Wörter für Pflanzen und Früchte

„Lernziel" dieses Unterrichtsversuchs ist, zu erkennen, daß in einer Benennung eine oder wenige von vielen Eigenschaften eines Dinges berücksichtigt sind, daß die Benennung meist nach dem Auffallenden an einer Sache stattgefunden hat.

Eine Wörterbucharbeit ist in diesem Fall für die Schüler sehr schwierig und daher nicht empfehlenswert, weil die Erklärungen weniger in den allgemeinen Wörterbüchern zu finden sind als vielmehr in speziellen Nachschlagewerken, die für Schüler nicht geeignet sind, in diesem Fall in dem Buch
Carl, H.: Die deutschen Tier- und Pflanzennamen, Heidelberg 1957.

Zu Beginn der Stunde sehen die Schüler auf einer Folie folgenden Text:

FOLIE

Obstsalat

Zutaten: 250g Himbeeren, 10 Erdbeeren, 1 Banane, 100g Brombeeren, 150g Heidelbeeren, 150 g Johannisbeeren, 10 Stachelbeeren, 2 Birnen, 100 g entsteinte Kirschen, 1 Mandarine, 1 Apfelsine, 7 Pflaumen, 3 Pfirsiche, 4 Feigen, 1 Ananas.

L: Bei diesen Wörtern ist es nicht so leicht wie bei „Sonntag", herauszufinden, welche Bedeutung sie früher hatten! Habt ihr trotzdem schon Vermutungen?

SS: (Vermutungen)

(Gelenktes Unterrichtsgespräch: Ordnungsschema für die Früchte: Früchte, die in Deutschland wachsen; Südfrüchte. Eintrag auf der Folie und im Heft; Zuordnung aufgrund der naturkundlichen Kenntnisse.)

(Hefteintrag)

FOLIE

Früchte, die in Deutschland wachsen	**Südfrüchte**
Himbeeren	Bananen
Erdbeeren	Mandarinen
Brombeeren	Apfelsinen
Heidelbeeren	Feigen
Johannisbeeren	Ananas
Stachelbeeren	
Birnen	
Kirschen	
Pflaumen	
Pfirsiche	

Erklärungen:

Himbeere	(früher „hindber", Beere der Hindin, der Hirschkuh; früher sollen die Himbeeren wild im Wald gewachsen sein. Sie wurden nach dem Tier des Waldes, dem Hirsch, benannt)
Erdbeere	(diese Beeren hängen oft bis zur Erde herunter. Sie haben ihren Namen von der Erde)
Brombeere	(früher „bramber", „brame"; Bedeutung: „Dornstrauch"; diese Beere hat ihren Namen von dem Dornstrauch, an dem sie wächst)
Heidelbeere	(die auf der Heide wachsende Beere. „Heide" wurde als schwach bewachsenes Land gesehen)
Johannisbeere	(sie soll am Johannistag, dem 24. Juni, reif sein)
Stachelbeere	(sie hat einen Stachel, der sehr spitz ist)
Birne	(von dem lateinischen Wort „pirum". Diese Frucht haben wir durch die Römer kennengelernt)
Kirsche	(von dem lateinischen Wort „ceresia"; auch diese Frucht kennen wir durch die Römer)
Pflaume	(von dem lateinischen Wort „prunum"; auch diese Frucht kennen wir durch die Römer)
Pfirsich	(von dem lateinischen Wort „malum persicum", das heißt „persischer Apfel"; diese Frucht kam aus Persien zu den Römern und durch sie zu uns)

Die Namen für Birne, Kirsche, Pflaume und Pfirsich haben wir von den Römern übernommen.

Banane	(von dem arabischen Wort „banan", was „Finger" heißt. Diese Frucht ist nach der Form benannt worden. Sie wächst wie die Finger einer hohlen Hand am Zweig des Baums.)

Mandarine (diese Frucht nannten die Römer „citrus nobilis", „vornehme Frucht". Das Wort „Mandarine" kam über die englische Sprache zu uns, in der diese Frucht „mandarin" genannt wird; der Grund dafür ist, daß sie als so erlesene Frucht gilt (galt), wie sie für einen Mandarin, einen chinesischen Staatsbeamten, würdig wäre)

Apfelsine (früher hieß „China" bei uns „Sina"; „Apfel aus China")

Feige (von dem lateinischen Wort „ficus"; diese Frucht kam aus Westasien über die Römer zu uns. Wir haben den lateinischen Namen „eingedeutscht")

Ananas (diese Frucht kommt aus dem süd-/lateinamerikanischen Land Brasilien. Die Spanier, die diese Frucht nach Europa gebracht haben, behielten das Wort der Brasilianer für die Ananas bei, und wir haben das gleiche getan).

L: Was zeigen uns die Erklärungen? Sind die Früchte „richtig" benannt?

SS: Sie sind nach bestimmten Gesichtspunkten benannt worden; sie könnten auch andere Namen tragen. Sie sind danach benannt worden, was den Benennenden am auffälligsten, am wichtigsten an der Frucht war. Beispiele: Heidelbeere: Ort, an dem sie früher vorwiegend wuchs; Banane: Art, in der sie am Baum wächst usw.

(Die SS können nun weitere Wörter für Früchte nennen, die vom L im o.a. Buch nachgeschlagen werden. – Einige Erklärungen sollten sich die SS im Heft notieren.)

Anmerkung: Es kann manchmal ein langer Erkenntnisprozeß sein, bis die SS begriffen haben, daß die jeweilige Perspektive zur Benennung geführt hat.

2. Lexikalisch-semantisch-synchrone Betrachtungsweise

In diesem Kapitel geht es um Zusammenhänge von Wortkörper und Wortinhalt von Wörtern *einer* Sprachstufe (daher synchrone Betrachtungsweise). Diese Zusammenhänge können von verschiedenen Seiten her gesehen werden:

1) Es wird von Wörtern ausgegangen, deren Bedeutungen untersucht werden. Bei bestimmten Wörtern können einige verschiedene Bedeutungen festgestellt werden. (Semasiologischer Ansatz; Unterrichtsstunde „Mehrdeutige Wörter")
2) Es wird überlegt, wie Dinge benannt sind: welche Wörter zur Verfügung stehen, um diese Dinge zu kennzeichnen. Dabei ergibt sich, daß der deutschen Sprache *unterschiedlich* viele Wörter für die Bezeichnung von Dingen zugehören. (Onomasiologischer Ansatz; Unterrichtsstunde „Bedeutungsunterschiede")
3) Wörter werden auf ihre „eindeutige" Verwendung hin untersucht. Dabei erweist sich, daß es Wörter gibt, die sowohl in „eigentlicher" als auch in „übertragener" Bedeutung gebraucht werden. Darüber hinaus gibt es zusammengesetzte Wörter, deren einer Bestandteil in eigentlicher, der andere in übertragener Bedeutung verstanden ist (z.B. Brillenschlange, Schwertfisch, Rosenkohl), außerdem zusammengesetzte Wörter, deren beide Bestandteile in übertragener Bedeutung zu verstehen sind (z.B. Fingerhut, Schlitzohr, Goldregen). Bei dem letztgenannten Worttyp könnte man die Bedeutung des Gesamtwortes nicht verstehen, wenn man nur die beiden „eigentlichen" Bedeutungen zusammensetzen würde. (Metaphorischer Ansatz, Unterrichtsstunde „Zusammengesetzte Substantive")

a) Mehrdeutige Wörter

Da es für Schüler der Sekundarstufe I unerheblich ist, ob es sich bei mehrdeutigen Wörtern um echte Polyseme (Wörter aus *einem* Stamm) oder unechte, das heißt Homonyme (etymologisch verschiedene Wörter) handelt, unterbleibt bei der Erarbeitung der Hinweis und die Beachtung dieser in der Sprachwissenschaft üblichen Unterscheidung.

In erster Linie gibt diese Unterrichtsstunde Anlässe zum genauen sprachlichen Ausdruck, der mehr aus einer Erklärung des jeweiligen Wortes besteht als aus entsprechenden Beispielen.

Aus diesem Grund wird darauf verzichtet, eine Merkmalmatrix zu jedem Wort anfertigen zu lassen. Es geht nicht darum, „Dinge" zu erkennen (z.B. die Belebtheit/Unbelebtheit), sondern um die Fähigkeit, Bedeutungen „umschreibend" verständlich auszudrücken.

Zur Bedeutungssammlung von „gehen":

Diese Gliederung ist als Ordnungsversuch zu verstehen, bei dem sich einige Bedeutungen „überschneiden". Dies sollte den Schülern gesagt werden, wenn sie entdecken und sodann oft auch bemängeln, daß die Zuordnung nicht exakt ist. An dieser Stelle können die Schüler wieder einmal sehen, daß die deutsche Sprache sich nicht allein nach festen Regeln entwickelt hat, daß die Bedeutungen der Wörter nicht schemenhaft klassifizierbar sind. Und doch sollte der Versuch eines Ordnens der Bedeutungen zeigen, wie Wörter miteinander zusammenhängen können.

Die Erklärungen der Wörter sind folgenden Wörterbüchern entnommen:

1) dtv-Wörterbuch der deutschen Sprache: Hrsg. von G. Wahrig. München 1978
2) DUDEN-Bedeutungswörterbuch: Bearb. von P. Grebe, R. Koster, W. Müller u.a. DUDEN Band 10. Mannheim 1970
3) Mackensen, L.: Großes deutsches Wörterbuch. München 1978
4) Pekrun. R.: Das deutsche Wort. 11. Aufl., bearb. von F. Planatscher. Frankfurt a.M. (Stauffacher) o.J.
5) Der Sprachbrockhaus. Deutsches Bildwörterbuch. 8. völl. neubearb. und erw. Auflage, Wiesbaden 1978

Weitere Angaben zu Homonymen (Beispiele) in:

Hinze, F.: Deutsche Schulgrammatik. Neufassung. Stuttgart (Klett) 1968 S. 34 f.

Mehrdeutige Wörter

L: Einstieg:
Sicher ist euch schon aufgefallen, daß es Wörter gibt, bei denen es leicht zu Mißverständnissen kommen kann. Kennt ihr solche Wörter?
Im folgenden Text könnt ihr von einem Mißverständnis lesen. Inwiefern handelt es sich dabei um ein Mißverständnis?

FOLIE

Mutter: „Gib mir bitte eine Birne!"
Peter (reicht ihr eine saftige, gelbe Birne)
Mutter: „Nein eine solche Birne wollte ich nicht!"

L: – Klärung: die Mutter wollte eine Glühbirne. Hatte sie sich falsch ausgedrückt?
SS: *Das Wort „Birne" hat zwei verschiedene Bedeutungen: Frucht und Licht„quelle".*
L: Ihr kennt sicher noch mehr Wörter, die verschiedene Bedeutungen haben!
SS: *(z.B. Schloß: Türschloß, Königspalast.)*

Die Beispiele werden auf einer Folie festgehalten und von den SS im Heft notiert.

FOLIE

Schloß	Türschloß, Sicherheitsvorrichtung Herrscherpalast
Ball	Tanzfest kugelförmiges Spielgerät
Reif	gefrorener Tau Ring, Schmuckstück
Strauß	Vogel Gebinde
Leiter	Vorsteher Gerät zum Auf- und Absteigen Überbringer (vereinzelt) Rippen des Rindes
Stollen	Tischbein Gebäck Bergwerksschacht Noppen an Fußballschuhen
Büchse	Dose Gewehr
Tafel	Schreibgerät festlich gedeckter Tisch

FOLIE (Fortsetzung von S. 49)

Mantel	Kleidungsstück Schlauchschutz (z.B. beim Fahrradreifen)
Ton	Schall Erde
Birne	Frucht elektrischer Leuchtkörper
Bank	Sitzmöbel Geldinstitut
Rost	Verwitterungsprodukt Heizgitter
Kamm	Bergrücken gezacktes Mittel zum Ordnen der Haare[1]
Hahn	Tier Wetterfahne Vorrichtung zum Öffnen und Verschließen einer Röhre[1]
Kiefer	Gesichtsknochen Nadelbaum
Futter	Nahrung für Tiere Innenstoff (z.B. im Mantel)
Schimmel	Pferd Pilz
Lappen	Putzmaterial Volksstamm
Bauer	Landwirt Vogelkäfig
Weide	Baum mit Blütenkätzchen die Flur als Futterplatz für Tiere
Schlüssel	Werkzeug zum Schließen eines Schlosses Hilfsmittel zur Lösung von Aufgaben[1]

[1] (diese Erklärungen kommen wahrscheinlich nicht von den Schülern!)

L: Es gibt sogar Wörter, die noch mehr Bedeutungen haben als die bisher genannten! Denkt an das Wort „verschreiben“!
(Sucht nur *diejenigen Bedeutungen* der einzelnen Wörter heraus, die von den SS ohne großen Erklärungsaufwand verstanden werden)

SS: (Die Gedanken der SS werden aufgegriffen, im Unterrichtsgespräch werden die Erklärungen der Wörter präzisiert und auf der Folie / im Heft notiert. Zumindest bei diesem ersten Beispiel sollten die SS auch passende Sätze aufschreiben, um die einzelnen Bedeutungen durch den Kontext deutlich vor sich zu haben.)

FOLIE

	verbrauchen (der Schüler soll nicht zuviel Papier verschreiben) fehlerhaft, falsch schreiben (er gibt sich Mühe, sich nicht zu verschreiben)
verschreiben	schriftlich verordnen (dem Patienten werden vom Arzt Tabletten verschrieben) schriftlich übereignen (dem ältesten Sohn wurde der Hof verschrieben) sich jemandem verpflichten (Dr. Faustus hatte sich dem Teufel verschrieben)

(Sollte noch Zeit zur Verfügung stehen, kann aus den u.g. Beispielen ein weiteres bearbeitet werden. Wichtig: die SS sollen zu jeder Bedeutung einen Kontext notieren!)

Bei dem nächsten Beispiel kann so vorgegangen werden, daß die Beispielsätze (Kontext) vom L vorgegeben werden und die SS daraus die Bedeutungen finden müssen.

L: Ihr kennt alle das Wort „gehen". Welche Bedeutung hat es?

SS: (SS entdecken, daß dieses Wort viele verschiedene Bedeutungen hat.)

L: Könnt ihr euch vorstellen, daß wir zusammen weit mehr als zehn Bedeutungen dieses Wortes finden können?

SS: (sammeln mehrere Bedeutungen; sobald die Einfälle stagnieren, gibt der L die Beispielsätze an und läßt weitere Bedeutungen dieses Wortes von den SS ausdrücken.)

Während der gemeinsamen Erarbeitung entsteht folgende Foliennotierung:

FOLIE

gehen

1) sich mit Füßen fortbewegen (nach Hause gehen)
2) den Weg nehmen, abreisen, auswandern (nach Amerika gehen)
3) eine Stelle verlassen (der Buchhalter geht zum Quartalsende)
4) in Bewegung sein, laufen (die Uhr geht, das Geschäft geht gut)
5) beginnen (an die Arbeit gehen)
6) sich besinnen, bereuen (ich möchte einmal in mich gehen)
7) begleiten (sie geht mit ihm seit drei Jahren)
8) schätzen (nichts geht über die Freundschaft)
9) passen (der Schrank geht nicht durch das Fenster)
10) reichen (sie geht ihm bis zur Schulter)
11) möglich sein, gelingen (es wird schon gehen! Sei mutig!)
12) sich befinden (wie geht es dir?)
13) sich um etwas handeln (es geht um deinen guten Ruf)
14) erträglich, zumutbar sein (hast du Schmerzen? – Es geht!)
15) wehen (es geht ein starker Wind)
16) Absatz haben, verkaufbar sein (die Artikel gehen gut)
17) aufquellen (die Hefe, der Teig geht auf)
18) funktionieren (weißt du, wie die Maschine geht?)
19) sich nicht beherrschen (laß' dich nicht so gehen)
20) verschwinden (gehe schleunigst!)

Weitere Beispiele, zur Verwendung im Unterricht oder für Hausaufgaben: Je nach Leistungsstand sollen die SS die Bedeutungen und Sätze oder nur Sätze zu vorgegebenen Bedeutungen finden)

aufheben	höher heben aufbewahren rückgängig machen ausgleichen	Schule	Gebäude für gemeinsamen Unterricht Unterricht alle zur Schule gehörigen Personen Titel von Lehrbüchern
Aufgabe	Arbeit Pflicht Verzicht Übung	aufgeben	zur Post bringen Essen auf Teller füllen auf etwas verzichten (Anspruch) aufhören zu tun (Ausbildung) für rettungslos erklären als zu leistende Arbeit übertragen sterben (Geist) verzagen, mutlos werden (Hoffnung)

(Weitere Beispiele: aufkommen, auflegen, Auflauf, böse, geben, gut, glauben, nehmen, dienen usw.)

In dem Sprachbuch von Beilhardt, K./Kampe, A. u.a.: „Sprachbuch". 6. Schuljahr. Stuttgart (Klett) 1977 geht es auf den Seiten 116/117 um das Verb „ziehen", zu dem zwölf Abbildungen gezeigt sind (u.a. Vögel ziehen, einen Zahn ziehen, der Tee zieht, einen Srich ziehen, eine Karte ziehen ...). Es sollte allerdings nicht versäumt werden, die jeweilige Bedeutung (den „Sinn", der sich durch den Kontext ergibt) von den Schülern erklären zu lassen; empfehlenswert ist eine Bedeutungssammlung, wie sie zum Wort „gehen" durchgeführt wurde, jeweils mit den entsprechenden Beispielen. Je nach Kenntnisstand der Schüler könnte diese Sammlung in Anlehnung an das Beispiel „gehen" als Hausaufgabe/Alleinarbeit gegeben werden.

Weiterer Vorschlag: Die Schüler bearbeiten (alleine) folgendes Arbeitsblatt:

ARBEITSBLATT

ZIEHEN

1) Einen Zahn ziehen 2) Einen Strich ziehen. 3) Vögel ziehen.

Hat „ziehen" nur diese drei Bedeutungen?
In welchem Sinn ist „ziehen" hier verwendet?

1) ______________________________
2) ______________________________
3) ______________________________

Weitere Bedeutungen von „ziehen" (mit je einem Beispiel):

4) ____
5) ____
6) ____
7) ____
8) ____
9) ____

b. Bedeutungsunterschiede

Nachdem die Schüler in der vorhergehenden Unterrichtsstunde überlegt haben, welche verschiedenen Bedeutungen ein Wort hat, wird in dieser Stunde gefragt, mit welchen Wörtern „eine" Sache benannt ist.

Unterrichtsstunde		Bedeutung 1
„Mehrdeutige Wörter":	Wort	Bedeutung 2
		Bedeutung 3 usw.
Unterrichtsstunde		Wort 1
„Bedeutungsunterschiede":	Sache	Wort 2
		Wort 3 usw.

Werden verschiedene Wörter für die Benennung „einer Sache" festgestellt, zeigt sich deutlich, welche Differenzierungsmöglichkeiten die deutsche Sprache auf einigen Gebieten hat (z.B. „Pferd": Roß, Mähre, Gaul, Klepper usw. – andererseits wird die „Sache" „Schnee" in der deutschen Sprache (im Gegensatz zur Sprache der Lappen) nur wenig differenziert ausgedrückt).

Die Schüler sollen 1) erkennen, daß es für bestimmte Sachen verschiedene, nicht völlig synonyme Ausdrucksmöglichkeiten gibt und 2) die jeweiligen Wortinhalte sprachlich möglichst gut verständlich bestimmen.

Mitunter müssen den Schülern einige Wörter genauer erklärt werden, als es in den Schemata gezeigt ist. Es sollte auf jeden Fall kontrolliert werden, ob die Schüler die Wörter verstehen und deren Verwendungsweise kennen.

Literaturbelege für die Worterklärungen:

1) Dornseiff, F.: Der deutsche Wortschatz nach Sachgruppen, Berlin [7]1970
2) dtv-Wörterbuch der deutschen Sprache. Hrsg. von G.Wahrig, München 1978
3) DUDEN-Bedeutungswörterbuch. Bearb. von P.Grebe, R.Koster, W.Müller u.a. DUDEN Band 10, Mannheim 1970
4) Mackensen, L.: Großes deutsches Wörterbuch, München 1978
5) Meldau, R.: Sinnverwandte Wörter und Wortfelder der deutschen Sprache, Paderborn 1978
6) Paul, H.: Deutsches Wörterbuch. Bearb. von W.Betz, Tübingen [6]1968
7) Pekrun, R.: Das deutsche Wort. 11.Aufl. bearb. von F.Planatscher, Frankfurt a.M. (Stauffacher) o.J.
8) Der Sprachbrockhaus. Deutsches Bildwörterbuch. 8.völl. neubearb. u. erw. Auflage, Wiesbaden 1978
9) Textor, A.M.: Sag es treffender. 9.überarb. u. erw. Auflage Reinbek 1974

Für die Schüler empfehlenswert: Schülerduden – Bedeutungswörterbuch.

Bedeutungsunterschiede

Die SS sehen zu Beginn der U-Stunde folgende Folie:

FOLIE

Von der Eskimosprache ist festgestellt worden, daß sie über dreißig verschiedene Wörter für „Schnee" zur Verfügung hat.

Die Lappländer verfügen über mindestens 67 Sonderbezeichnungen für Schnee, wobei zwischen

dickem Schnee,
dünner Schneeschicht auf der Schneekruste,
Grundschnee,
harter Schneeschicht auf der Moosweide,
hartem Schnee,
kristallisiertem Schnee,
körnigem Schnee,
hartem und tiefem Schnee,
losem Neuschnee,
nassem Schnee,
trockenem und losem Schnee,
zertretenem Schnee,

usw. unterschieden wird.

(aus: Lagercrantz, Eliel: Lappischer Wortschatz. Band II, Helsinki 1939, S. 1170, § 267)

Ein S liest den Text laut vor.
Folgendes U-Gespräch entwickelt sich:

L: 1) Warum haben die Eskimos und die Lappländer so viele Wörter für „Schnee"?

SS: Beide Völker haben viel zu tun mit dem Schnee; sie unterscheiden in diesem Bereich stärker als wir, um sich gut über Schneeverhältnisse (die oft ihre Lebensverhältnisse sind) verständigen und Erfahrungen mit Schnee besser weitergeben zu können.

L: 2) Haben wir in unserer Sprache auch mehrere Wörter für „Schnee"?
(Evtl.: Was verstehen wir unter „Schnee"? – Niederschlag aus gefrorenem Wasser in Form weißer Flocken)

SS: (Schneereif, verharschter oder dichter Schnee, Pulver-, Naßschnee, Schneematsch, -gestöber, usw.)
eigenständiges Wort: F i r n (ewiger Schnee, Hochgebirgsschnee; Firngrenze: Schneegrenze)

L: 3) Gibt es in unserer Sprache für eine andere Sache mehrere Wörter? Denkt einmal an das Beispiel „Pferd".

SS: Pferd: Gaul, Mähre, Stute ...

L: 4) Was ist der Unterschied zwischen einer Stute und einem Gaul?

SS: Stute: jedes weibliche Pferd
Gaul: Arbeitspferd

L: Tafelanschrift (Platz lassen für die Überschrift!)

SS: SS notieren die TA in ihrem Heft mit, jedoch erst dann, wenn bereits zwei oder drei Beispiele bearbeitet sind.

FOLIE

Pferd	
Roß	edles Pferd
Mähre	altes, schlechtes Pferd
Gaul	Arbeitspferd
Klepper	verbrauchtes Pferd
Schimmel	weißes Pferd
Rappe	schwarzes Pferd
Stute	weibliches Pferd
Hengst	männliches Pferd
Füllen	neugeborenes Pferd
Fohlen	junges Pferd
Wallach	kastriertes Pferd
...	...

(Von jedem Wort wird mit den SS im U-Gespräch die Bedeutung überlegt und in der rechten Spalte notiert)

L: 5) Ein weiteres Beispiel: haben wir verschiedene Wörter für „Weg"?

TAFELANSCHRIFT/FOLIE

Weg	
Gasse	schmaler Durchgang
Straße	geteerter, befestigter Verkehrsweg
Pfad	nicht befestigter, schmaler Weg
Allee	Straße zwischen Baumreihen
Piste	Weg für Skifahrer und Rennwagen
Promenade	angelegter Spazierweg
Autobahn	Schnellstraße für Autos
Sackgasse	Straße mit eigenem Zugang
Fahrdamm	befestigte Fahrstraße
Bürgersteig	Gehweg seitlich der Straße
Fahrrinne	gekennzeichnete tiefe Rinne in einem Fluß für die Schiffahrt
...	...

(Falls Wörterbücher und/ oder Lexika greifbar sind, sollten die SS auch nachschlagen)

L: 6) Womit beschäftigen wir uns eigentlich in dieser Stunde?
SS: Bedeutungen / Bedeutungsunterschiede

Tafelanschrift (Überschrift):

Bedeutungsunterschiede

(Hefteintrag)

L: 7) Worin besteht also der Bedeutungsunterschied zwischen den Wörtern „Allee" und „Pfad"?
SS: (siehe Tafelanschrift)

L: 8) Wie steht es mit dem Wort „Frau"? Gibt es in unserer Sprache auch Wörter, die verschiedene Bedeutungen von „Frau" wiedergeben?

(Erarbeitung der Wörter und der Bedeutungsunterschiede im U-Gespräch)

TAFELANSCHRIFT/FOLIE

Frau

Frau	weiblicher (verheirateter) Mensch
Dame	vornehmer Ausdruck für eine Frau
Weib	veralteter Ausdruck für Frau/verächtlich: klatschhaftes Wesen, Ehefrau
Frauenzimmer	scherzhafter, verächtlicher Ausdruck für Frau
...	...

(Sollte noch Zeit verfügbar sein, können aus den unten genannten Anregungen weitere Beispiele entnommen werden)

L: 9) (Zusammenfassung)
Was habt ihr nun in dieser Stunde festgestellt, gelernt? Geht aus von dem Beispiel der Sprache der Eskimos und der Lappländer!

SS: Es gibt auch in unserer Sprache Wörter, die ähnliche, jedoch nicht die gleiche Bedeutung haben. Mit diesen „unterschiedlichen" Wörtern kann man einigermaßen genau ausdrücken, was man meint.

Anregungen
(für zusätzliche Beispiele im Unterricht und für Hausaufgaben)

Den SS wird – je nach Leistungsfähigkeit – das Stichwort allein oder zusammen mit den weiteren, ähnlichen Wörtern (evt. bereits in Form einer Tabelle) vorgegeben. Die Bedeutung jeden Wortes sollte nach Möglichkeit von den SS selber – auch mit Hilfe von Wörterbüchern oder Lexika – gefunden und in der Tabelle eingetragen werden.
Weitere Übungsmöglichkeit: Die SS sollen die Wörter situationsentsprechend in Sätzen verwenden.

Entgelt

Gehalt	Arbeitsvergütung für Angestellte
Lohn	Arbeitsvergütung für Arbeiter
Sold	Arbeitsvergütung für Soldaten
Gage	Arbeitsvergütung für Künstler
Honorar	Arbeitsvergütung für Freischaffende (z.B. Schriftsteller)
Einkommen	Einnahmen während einer bestimmten Zeit und Arbeitsvergütung für Selbständige (z.B. selbständige Kaufleute)
Verdienst	(allgemeiner Ausdruck) Entgelt für eine Arbeit, Tätigkeit
...	...

gehen

gehen	sich in aufrechter Haltung auf den Füßen fortbewegen
bummeln	zum Vergnügen langsam gehen
laufen	sich schnell vorwärts bewegen
hasten	unruhig, aufgeregt eilen
sausen	sich sehr schnell fortbewegen
schlendern	lässig, gemächlich gehen
waten	mit stapfenden Schritten durch etwas (Wasser) gehen
...	...

ARBEITSBLATT

Stelle zu folgenden Wörtern eine Rangordnung her!

(Beispiel: Kneipe, Restaurant, Gaststätte.
Lösung: entweder Kneipe - Gaststätte - Restaurant oder umgekehrte Reihenfolge.

Begründung für diese Rangordnung:
Eine Kneipe ist ein billiges, einfaches Wirtshaus. Eine Gaststätte ist ein (mittleres) Speisehaus, ein Restaurant ein Lokal mit Speisen und Getränken für höhere Ansprüche (und meist auch mehr Geld).)

Aufgaben:

1) Bluff, Täuschung, Schwindel, Betrug.
   ____
2) geschwätzig, mitteilsam, gesprächig.
   ____
3) Kerl, Mann, Herr.
   ____
4) zähneknirschend, zornig, grimmig, entrüstet, ärgerlich, fuchsteufelswild, verstimmt.
   ____
5) schmieren, schreiben, kritzeln.
   ____
6) fordern, wünschen, verlangen, bitten.
   ____

Lösung zum Arbeitsblatt (die Reihenfolge der Wörter kann auch umgekehrt sein):
1) Bluff - Schwindel - Täuschung - Betrug
2) gesprächig - mitteilsam - geschwätzig
3) Kerl - Mann - Herr
4) verstimmt - ärgerlich - grimmig - entrüstet - zähneknirschend - zornig - fuchsteulfelswild
5) schreiben - kritzeln - schmieren
6) wünschen - bitten - verlangen - fordern

Einige Wörter sollten die SS auch nachschlagen, um sich der Richtigkeit ihrer Anordnung/ Lösung zu versichern. Weitere Aufgaben: einen Aufsatz schreiben, mit der Auflage, die Wörter einer Gruppe (gut möglich bei Nr. 4 und 6) so zu verwenden, daß sich im Aufsatz dadurch eine natürliche Steigerung ergibt.

c) Metaphorik I (Zusammengesetzte Substantive)

Unter „Metaphorik" sei im folgenden die bildliche Ausdrucksweise verstanden.

Zumindest vier Ebenen des Sprachgebrauchs müssen unterschieden werden, um zu wissen, was mit „bildhafter" Ausdrucksweise gemeint ist: die Ebene des a) „unmittelbaren" Sprechens, b) übertragenen Sprechens (Ähnlichkeit oder Gegensatz ausdrückend), c) bildlichen Sprechens und d) symbolischen Sprechens. In der Deutschdidaktik werden üblicherweise b) und c) nicht oder nur kaum unterschieden, da es für Schüler unter Umständen sehr schwierig werden kann, genau zu unterscheiden und darüber hinaus diese Unterscheidung für sie vermutlich belanglos ist.

Werden Substantive aneinandergefügt, so ergeben sich für die Bedeutung des zusammengesetzten Wortes mindestens drei Möglichkeiten:

a) Beide Bestandteile behalten ihre „eigentliche", übliche Bedeutung. Beispiel: „Tierarzt" (ein Arzt, der für Tiere zuständig ist). (Ebene des unmittelbaren Sprechens)
b) Ein Bestandteil ist im übertragenen Sinn verwendet, wobei meist bereits ein sprachliches Bild zugrunde liegt. Beispiel: „Tischbein" („Beine" haben nur Lebewesen). (Übertragenes Sprechen)
c) Beide Bestandteile sind bildlich (metaphorisch) gebraucht. Beispiel: „Himmelsschlüssel" (eine Frühlingsblume, deren Name eine bestimmte Vorstellung von dieser Pflanze zugrunde liegt). – Bei dieser Möglichkeit ist die eigentliche, übliche Bedeutung beider Bestandteile verändert; die Bedeutung des zusammengesetzten Wortes läßt sich nicht (zumindest kaum) aus der Analyse der üblichen Bedeutungen der Bestandteilswörter erschließen.

Die letztgenannte Möglichkeit c) wird in dem vorliegenden Unterrichtsentwurf thematisiert.

Ein sprachliches Bild entsteht dadurch, daß etwas Bekanntes mit einem bislang Unbekannten, „Unbenannten" verglichen und sein Name auf das Verglichene übertragen wird (u.a.). So entstehen Wörter wie Goldregen und Storchenschnabel.

Das sprachliche Bild gibt Hinweise darauf, wie Menschen Dinge sehen, zusammenfügen, ordnen, wobei gerade die zusammenfassende und zugleich differenzierende Tätigkeit die Leistung der Sprache des Menschen ist, denn durch diese Tätigkeit werden Wirklichkeitsbereiche „konstituiert". Daher ist es nicht richtig, anzunehmen, das sprachliche Bild brächte Bereiche der Natur zusammen, die nicht zusammengehörten. Wodurch sollte festgestellt werden, daß sie „nicht zusammengehörten“? – Doch diese Frage soll und kann an dieser Stelle nicht genügend beantwortet werden.

Aufgabe dieser Stunde ist es, den Schülern einsichtig zu machen, daß eine direkte, naive Wortgläubigkeit irre führt. Die Schüler sollen erkennen, welche Wörter (Bedeutungen) bei einem sprachlichen Bild zusammengefügt wurden, was die Bedeutung des sprachlichen Bildes ist und inwiefern es sich bei den sprachlichen Bildern um Bilder handelt, also um mögliche, übertragene Ausdrücke handelt, die bestimmte Aspekte der ausgedrückten Sache wiedergeben.

Die Beschäftigung mit Metaphorik ist geeignet, „exemplarisch“ bei den Schülern die Distanzierungsfähigkeit vom eigenen Sprachgebrauch zu fördern, somit eine Grundlage zu schaffen zur in den Lehrplänen geforderten „Reflexion über Sprache“.

Die Situation, in die dieser Gegenstandsbereich eingeordnet werden kann, ist folgende Vorstellung: (Voraussetzung ist die Kenntnis von Till Eulenspiegel) Till Eulenspiegels Wirkung beruht darauf, daß er alles wörtlich nimmt und dadurch die an der Kommunikation mit ihm Beteiligten verunsichert und an der Nase herumführt; nun sollen die Schüler befähigt werden, Till Eulenspiegel selber einen Streich zu spielen und ihn mit seinen eigenen Mitteln auszuspielen. Dies gelingt ihnen dadurch, daß sie Aufgaben für ihn überlegen, die nur so zu lösen sind, daß die Bestandteile der Wortzusammensetzung nicht wörtlich genommen/verstanden werden. Gemäß seiner „Masche“ sind solche Aufgaben für ihn unlösbar und die Schüler wissen, worin seine „Unfähigkeit“ besteht.

Selbstverständlich eignet sich dieser Einstieg nur für die unteren Klassen der Sekundarstufe. Ab etwa dem 8. Schuljahr genügt es, in einem kurzen Unterrichtsgespräch über die Darstellungen auf den Folien die bildliche Ausdrucksweise aufzuzeigen.

Metaphorik I (Zusammengesetzte Substantive)

L: (Erinnerung an Till Eulenspiegel und den Grund seines Erfolgs, das Wörtlichnehmen. Zielangabe: Wir könnten ihm einen Streich spielen!)

SS: (In drei Etappen sehen die SS folgende Folie; U-Gespräch über die dargestellten Gegenstände und das entsprechende zusammengesetzte Wort sowie die Bedeutung dieses Wortes)

FOLIE

Fingerhut:
Metallkappe zum Schutz des Fingers beim Nähen

Bücherwurm:
Auf das Bücherlesen „versessener" Mensch

Augapfel:
das Sehorgan

(Evt. können die SS noch folgende Folien gezeigt bekommen:)

FOLIEN

Löwenzahn: Wiesenblume

Dornröschen: Märchengestalt

L: Wißt ihr selber weitere solcher Wörter?

SS: *z.B. Regenpfeifer (Vogel), Mohrenkopf, Milchstraße*

L: Wie würdet ihr sie bildlich darstellen?

SS: *(SS erklären die Bildelemente)*

L: Warum ist es schwierig, solche Wörter zeichnerisch darzustellen?

SS: *Die Wörter selber haben eine andere Bedeutung als die Summe der Bedeutungen der Bestandteilswörter. – Dem sprachlichen Bild liegt ein Vergleich zugrunde.*

L: Könnt ihr mir erklären, inwiefern der Mensch zwei Äpfel in den Augen hat, zwei Flügel an der Nase, zwei Muscheln und zwei kleine Lappen an den Ohren?

SS: *Augäpfel, Nasenflügel, Ohrmuscheln, Ohrläppchen.*

L: Was hat der Mensch noch an solchen „komischen“ Dingen?

SS: *Zwei Röhren im Hals (Luft-, Speiseröhre), Wurzeln an den Zähnen (Zahnwurzeln), Wurzeln an den Haaren (Haarwurzeln), Korb in der Brust (Brustkorb), Becken im Skelett, Pfanne im Gelenk, Scharnier im Gelenk, Gewölbe im Fuß, Wurzel an der Hand, Bett am Nagel, Blätter an den Schultern, Höhlen im Kiefer seitlich der Nase und in der Stirn, im Ohr Amboß, Steigbügel und Trompete, ein Fell auf den Rippen, ein Segel im Gaumen ...*

(Anmerkung: streng genommen gehören diese Wörter nicht zum Thema dieser Stunde, weil jeweils ein Wortbestandteil n i c h t bildlich gebraucht ist. Andererseits erleichtern diese Beispiele den SS erheblich das Verständnis für bildliche Ausdrucksweise.)

L: Wie kommt man darauf, den Augapfel so zu nennen?

SS: *Ähnlichkeit in der Form*

L: Den Mohrenkopf so zu nennen?

SS: *Ähnlichkeit in Form und Farbe*

L: Und den Regenpfeifer?

SS: *Ähnlichkeit in der Tätigkeit des Pfeifens*

(Evt. Merksatz formulieren und an der Tafel notieren:)

Bildliche Ausdrücke (Metaphorik)

Einige Dinge werden nach ihrer Ähnlichkeit mit anderen Dingen in Farbe, Form und Funktion (Tätigkeit) benannt. Bsp.: Mohrenkopf, Augapfel, Regenpfeifer.

L: Zurück zu unserem Vorhaben am Beginn der Stunde! Was könnten wir mit Till Eulenspiegel tun?

SS: *Einen Streich spielen, indem er bildliche Ausdrücke vorgelegt bekommt, die er „natürlich“ wörtlich erklären wird und dadurch deren Bedeutung gar nicht erfaßt.*

L: Stellt euch vor, ihr selber wäret Till Eulenspiegel. Euch werden solche „schwierigen“ Wörter vorgelegt. Schreibt nur die wörtliche Erklärung auf!

(Die SS erhalten das Arbeitsblatt)

ARBEITSBLATT

Wie würde Till Eulenspiegel folgende Wörter erklären?

Faulpelz . . . .
Langfinger . . . .
Schneeglöckchen . . . .
Fingerhut . . . .
Schwertlilie . . . .
Waldmeister . . . .
Goldregen . . . .
Weidenkätzchen . . . .
Glühwürmchen . . . .
Fuchsschwanz . . . .
Gänsefüßchen . . . .
Nesthäkchen . . . .
Landjäger . . . .
Bienenstich . . . .
Wolkenkratzer . . . .
Backstein . . . .
Geizhals . . . .
Schlitzohr* . . . .
Löhwenzahn . . . .
Osterglocke . . . .
Fleißiges Lieschen . . . .

*Erklärung: im Mittelalter wurde unehrlichen Leuten ein Stück des Ohres aufgeschlitzt, damit jeder erkennen konnte, daß sie Gauner sind.

(Lösungen: Pelz, der verfault; langer Finger; Glöckchen, das im Schnee liegt; „Kopfbedeckung" des Fingers; Lilie auf einem Schwert; Meister, Held des Waldes; Regen, der Gold auf die Erde bringt; kleine Katze auf einer Weide, Wiese; kleiner Wurm, der dauernd glüht; Schwanz des Fuchses; kleine Füße der Gänse; kleine Haken im Nest; Jäger, der nicht im Wald jagt/der nicht aus der Stadt kommt; Stich einer Biene; einer, der an den Wolken kratzt; Stein, der gebacken ist; Hals, der geizig, eng ist; Ohr, das aufgeschlitzt ist; Zahn eines Löwen; Glocke, die nur an Ostern läutet; Mädchen, das sehr fleißig ist.)

L: Das erste Wort bearbeiten wir zusammen: wie erklärt Till das Wort „Faulpelz"?

SS: Faulender Pelz; SS notieren dieses Ergebnis auf die Zeile neben das Wort.

(Evt. ein weiteres Beispiel besprechen und notieren lassen)

SS bearbeiten in Partnerarbeit die weiteren Wörter – evt. nur eine vorher festgelegte Anzahl, den Rest als Hausaufgabe. (SS mit schnellem Arbeitstempo stellen einige Wörter an der „Rückseite" der Tafel zeichnerisch dar)

(Im Anschluß an die Partnerarbeit berichten die SS von ihren Ergebnissen und ergänzen/berichtigen ihre Ausführungen. Die bildlichen Darstellungen an der Tafel werden erraten.)

L: Aber: unter uns, die wir ja keine Tills sind, ist ein Faulpelz doch etwas anderes als ein Pelz, der durch und durch verfault ist!

SS: Fauler Mensch; (auch von allen weiteren auf dem Arbeitsblatt genannten Wörtern wird die übliche Bedeutung angegeben)

L: Welche Wörter sind für Till wohl besonders schwierig?

SS: SS nennen einige und kreuzen sie auf dem Arbeitsblatt an (z.B. Gänsefüßchen, Bienenstich ...)

L: Warum sind diese Wörter für Till besonders schwierig? (Zusammenfassung)

SS: Diese Wörter haben eine völlig andere Bedeutung als ihre Bestandteile nahelegen. Eine wörtliche Erklärung der Bedeutungen der Bestandteilswörter führt völlig irre.

Anregungen zur Vertiefung

1) Selbständig weitere Wörter von der genannten Art finden.
2) Das empfohlene Arbeitsblatt ist für Schüler der oberen Jahrgänge der Sekundarstufe oft zu leicht. Statt dessen könnten sie folgende Aufgabe bekommen:

ABEITSBLATT

Sprachliche Bilder

Köpfe und Füße:

Salatkopf, Dummkopf, Krautkopf, Briefkopf, Schlaukopf, Kohlkopf, Blütenkopf, Nagelkopf, Kopfzerbrechen, Kopfarbeit.

Der Fuß des Berges, des Sessels, des Weinglases, des Deiches, der Stehlampe, der Staumauer.

Unterscheide und ordne!

Kopf (runde Form) **Kopf (oberster Teil)** **Kopf (Verstand)**

Fuß (unterer Teil) **Fuß (unterer Teil und Standfläche)**

Quelle: Schorer/Wiechmann/Reiss: Lebendige Sprache, 5. Schuljahr, Neubearb. von W. Ingendahl u.a., Frankfurt a.M. (Diesterweg), 5. Aufl. 1975, S. 77 f.

d) Metaphorik II (Sprichwörtliche Redensarten)

In sprichwörtlichen Redensarten wird etwas „umschrieben"ausgedrückt. Stilistisch gesehen sind sie insbesondere der emotional geprägten Umgangssprache zuzurechnen. Sie geben ein „Bild" wieder, sind meist kurz und einprägsam gehalten und beruhen zu einem Teil auf Übertreibungen (zum Beispiel „eine Ewigkeit warten").

Lange nicht alle sprichwörtlichen Redensarten sind so bildungsdurchsichtig, daß sie vom Schüler ohne weitere Erklärungen verstanden werden. Da die theoretische Unterscheidung zwischen dem Sprichwort als vollständigem und der Redensart als unvollständigem Satz für Schüler der angesprochenen Altersstufe unerheblich ist, wird hier der Ausdruck „sprichwörtliche Redensart" verwendet.

Sie geben Zeugnis von früher üblichen Verhaltensweisen und Anschauungen, die auch Erwachsenen heute teilweise fremd sind. Dieser Umstand bedingt, daß die Auslegung, die Erklärung mancher Redensarten schwierig ist, und zwar sowohl für denjenigen, der erklärt, als auch für den, dem erklärt wird. Die „Fremdheit" ist dadurch begründet, daß die Erklärung auf viele Fakten aus der Geschichte zurückgreifen muß, die heute nicht allgemein bekannt sind und zur Erklärung der sprichwörtlichen Redensart zusätzlich erläutert werden müssen.

Didaktisch hat dies zur Folge, daß die Schüler trotz Erklärungen auch in diesem Bereich der Wortkunde dazu gebracht werden müssen, stets entsprechende Nachschlagewerke zu benutzen.

Der Lehrer muß seine Schüler soweit kennen, daß er beurteilen kann, inwieweit sie fähig sind zum Erlernen einer kritischen Haltung gegenüber den sprichwörtlichen Redensarten. Wege dazu sind Untersuchungen von Denkschemata, die durch sprichwörtliche Redensarten tradiert werden; von „versteckten" Haltungen, die bestimmte Verhaltensweisen bewirken sollen (Bsp.: „Wer nicht hören will, muß fühlen" – „Was Hänschen nicht lernt, ...").

Die Fähigkeit zur Distanzierung im Sinne eines verständigen Umgehens mit sprichwörtlichen Redensarten könnte und sollte ein Ziel sprachkundlicher Unterweisung sein. Erst dann, wenn an die Stelle einer selbstverständlichen Verwendung der sprichwörtlichen Redensarten die Fähigkeit zur Auseinandersetzung mit ihrer Leistung und den „Gefahren" ihrer Verwendung getreten ist, wurde ein weiterer Schritt zur Fähigkeit der Reflexion über die Sprache erreicht.

Die Schüler werden in diesem Unterrichtsversuch sprichwörtliche Redensarten kennenlernen, deren Herkunft erfahren, den Wortschatz auf dem Gebiet der Redensarten aktivieren und die Erklärungen der Redensarten durch Nachsehen in entsprechenden Werken „überprüfen". Darüber hinaus sollen sie den stilistischen Wert des Gebrauchs von sprichwörtlichen Redensarten gegenüber dem sachlichen, mitunter wenig konkreten, alltäglichen Ausdruck sehen. Insgesamt gesehen ist das Ziel dieser Unterrichtsstunde, den Schülern einige Redensarten verständlich zu machen.

Grundsätzlich stehen zwei Möglichkeiten für die Erarbeitung der Redensarten zur Verfügung:

a) Eine Situation, auf die eine Redensart paßt, wird im ‚normalen' Sprachgebrauch erzählt. Die Schüler werden aufgefordert, die entsprechende Redensart zu raten und deren Herkunft zu vermuten. Die Situation kann zur Illustrierung auch von einigen Schülern beispielsweise in einem Spiel dargestellt werden. Diese Darstellung kann auch an die Stelle des oben genannten Erzählens treten.
b) Eine Redensart wird genannt, die Schüler werden nach deren Bedeutung im Sprachgebrauch gefragt und nach ihrer Herkunft. Auch in diesem Fall kann eine Darstellung der Redensart durch Schüler einiges zur Klärung beitragen.

Zur Möglichkeit a):
Es ist für die Schüler mitunter schwierig, eine Redensart zu erkennen. Diese Möglichkeit hat den methodischen Rahmen Frage-Antwort mit dem Antwortschema „ja-nein". Dieser Rahmen sollte im Sprachunterricht nicht vorherrschend sein.

Zur Möglichkeit b):
Bei dieser Methode müssen die Schüler ihren Wortschatz und ihre Phantasie aktivieren, sie üben sich im Ausdruck, der vom Lehrer hinsichtlich der Erfassung der Bedeutung gut kontrolliert werden kann und sie müssen schließlich die Darstellung im sprachlichen Bereich selber leisten, die bei a) der Unterrichtende gibt.

In der folgenden Unterrichtsstunde wird eine Abbildung von Redensarten nur zur Motivierung benutzt, um anschließend sofort die Möglichkeit b) anzuwenden. Mit dem Zeigen der Abbildung der Redensarten wird die von den Schülern zu leistende Tätigkeit der Beispielssuche nicht vorweggenommen, weil die verwendeten Abbildungen die Herkunft einzelner sprichwörtlicher Redensarten darstellen. Sie werden erst bei der Erklärung der Redensarten ausgewertet.

Literaturangaben

Werke, die auch für Schüler geeignet sind:

1) Krack, K.E.: 1000 Redensarten unter die Lupe genommen. Stuttgart 1965
2) Krüger-Lorenzen, K.: Das geht auf keine Kuhhaut. Deutsche Redensarten und was dahinter steckt. Düsseldorf 5. Aufl. 1960
3) ders.: Aus der Pistole geschossen. Deutsche Redensarten und was dahinter steckt. Düsseldorf 1966
4) ders.: Der lachende Dritte. Deutsche Redensarten und was dahinter steckt. Düsseldorf 1973

Diese drei Bände von Krüger-Lorenzen wurden zusammengefaßt neu aufgelegt unter dem Titel „Deutsche Redensarten – und was dahinter steckt –". Düsseldorf (Econ-Verlag) o.J.

5) Röhrich, L.: Lexikon der sprichwörtlichen Redensarten. 2 Bände, Freiburg i.B. 1973
6) Schulz, D. / Griesbach, H.: 1000 idiomatische Redensarten. Berlin 6. Aufl. 1969
7) Sillner, L.: Gewußt woher. Handbuch der Herkunft deutschsprachiger Wörter und Redensarten. Frankfurt a.M. 1973

Nachschlagewerke nur für den Lehrer:

1) Borchardt-Wustmann: Die sprichwörtlichen Redensarten im deutschen Volksmund, Bearb. von G. Schoppe. Leipzig 6. Aufl. 1925
2) Dittrich, H.: Redensarten auf der Goldwaage. Bonn 1970
3) Grober-Glück, G.: Motive und Motivationen in Redensarten und Meinungen. 2 Bde. Marburg 1974
4) Ibel, R.: Bildgeheimnis und Wirkung der Sprache. In: Ztschr. für Deutschkunde. 1935 (470-475)
5) Ingendahl, W.: Die Metaphorik und die sprachliche Objektivität. In: Ztschr. Wirkendes Wort. 1972 (268-274)
6) Koller, W.: Redensarten. Linguistische Aspekte, Vorkommensanalysen, Sprachspiel. Tübingen 1977
7) Maas, H.: Wörter erzählen Geschichten. München 1966
8) Maurer, F. / Stroh, F. (Hrsg.): Deutsche Wortgeschichte. 3 Bde. Berlin 2. Aufl. 1957-1959
9) Rutt, T.: Muttersprachschule, Zweiter Teil. Der Unterricht in der Sprachlehre, Sprechkunde und Rechtschreibung. 3. Auflage. Ratingen 1966. Kap. VII: Redensarten und Sprichwörter im Blickfeld sprachkundlicher Beobachtung (S. 95-112) (Mit methodischen Hinweisen)

Metaphorik II (Sprichwörtliche Redensarten)

Zu Beginn der U-Stunde sehen die SS folgende Folie:

FOLIE

(Quelle: Kern, A./Leisinger, F./ Nentwig, P.: Im Garten der Sprache. Teil I., Freiburg (Herder) 1957, S. 36)

L: Was seht ihr auf dieser Folie dargestellt?

SS: *Sprichwörtliche Redensarten:*
– wie aus allen Wolken fallen – mit dem Kopf durch die Wand gehen wollen – den Teufel an die Wand malen – den Brotkorb höher hängen – das Geld zum Fenster hinauswerfen

(Die Redensart „den Brotkorb höher hängen" ist Schülern öfters unbekannt und muß in Bedeutung und Herkunft vom Lehrer erklärt werden. Sie wurde in diesem Zusammenhang aufgenommen, weil sie im heutigen Sprachgebrauch immer noch anzutreffen ist.)

L: Was bedeutet die Redensart „mit dem Kopf durch die Wand gehen wollen"?

SS: *Sehr hartnäckig sein (so daß man sich selber Schaden zufügt)*

(Ebenso werden die Bedeutungen der anderen Redensarten im U-Gespräch geklärt)

L: Warum sagt man eigentlich weniger, jemand sei hartnäckig, vielmehr, er wolle mit dem Kopf durch die Wand gehen?

SS: *Die Redensart ist „anschaulicher".*

L: Könnt ihr euch Situationen vorstellen, in denen trotzdem eher der Ausdruck „er ist hartnäckig" verwendet wird?

SS: *(Auf der Ebene des schriftsprachlichen Ausdrucks bei sachlichen Formulierungen; von daher situationsunabhängig.)*

L: Ihr könnt euch sicher denken, wie die Redensart „das Geld zum Fenster hinauswerfen“ entstanden ist!

SS: *Vielleicht durch Beobachtungen, die dann übertrieben deutlich ausgedrückt werden.*

(Ebenso wird die Herkunft der anderen Redensarten erklärt. Den Teufel an die Wand malen: wenn man jemandem etwas Böses antun wollte, malte man ihm das Bildnis des Teufels an eine Wand in der Wohnung. – Den Brotkorb höher hängen: „meint, ihn aus der Reichweite dessen zu nehmen, der essen will, womit man eine aus einer Notlage entstandene größere Sparsamkeit ausdrücken will. Das Bild wurde aller Wahrscheinlichkeit vom Futterkorb für Pferde entlehnt, der, wenn das Pferd satt war, hochgezogen wurde“. Aus: Sillner, L.: Gewußt woher. Stuttgart 1973, S. 49)

L: Wißt ihr, was die Redensart „das geht auf keine Kuhhaut“ bedeutet und woher sie stammt?

SS: *Ausdruck für etwas Unerhörtes.*

L: Herkunft: Früher wurde nicht auf Papier geschrieben (dieses gibt es erst seit einigen Jahrhunderten), sondern auf getrocknete Tierhäute. Die Haut einer ganzen Kuh muß sehr groß (weit) gewesen sein. Noch vor einigen Jahrhunderten dachte man, der Teufel würde sich die schlechten Taten, die Sünden eines jeden Menschen aufschreiben, und zwar auf Tierhäute. Wenn ein Mensch nun sehr viel Böses angestellt hatte, reichte eine Kuhhaut für den Teufel nicht mehr aus, um alles darauf niederzuschreiben.

Wenn genügend Nachschlagewerke (je eines für 2-3 SS) vorhanden sind, gehen die SS nun in Kleingruppen und suchen in den Büchern nach den Erklärungen der bisher angesprochenen Redensarten.

SS: *(Nachschlagen in Kleingruppen)*

L: – Besprechung der Ergebnisse.
Woher könnte die Redensart „das ist Wasser auf seine Mühle“ stammen?

SS: *Beruf des Müllers*

L: Was bedeutet sie?

SS: *Das ist zu seinem Vorteil.*

(Weitere Redensarten, die aus dem Berufsleben stammen: die Flinte ins Korn werfen, ungeschoren davonkommen, ins Fettnäpfchen treten, den Faden verlieren)

SS: *Die SS schlagen diese Redensarten nach.*

Sollten nicht genügend Nachschlagewerke zur Verfügung stehen, kann den SS folgende Folie gezeigt werden:

FOLIE

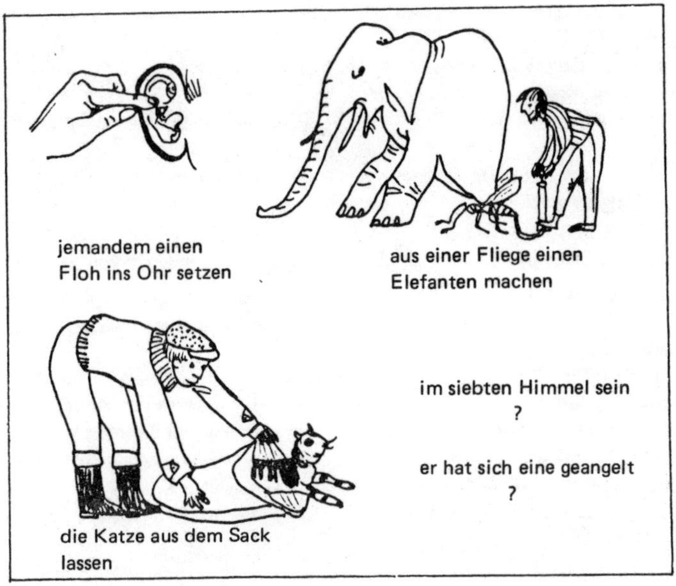

Die SS bekommen die Folie ohne den Text gezeigt.

(Quelle: Hrsg. L. Braun, Spreche und schreibe ich richtig? 8. Schuljahr, Ausgabe B und C, Stuttgart 1974, S. 23)

SS: *Einzelne SS schreiben die Bedeutungen der Redensarten auf die Folie.*

L: Wie würdet ihr die Redensart „im siebten Himmel sein" bildlich darstellen? Und wie die Redensart „er hat sich eine geangelt"?

SS: *(Vorschläge)*

(Klären, ob die SS wissen, welche Bedeutungen diese Redensarten haben!)

Folgende Arbeiten werden nun in Kleingruppen durchgeführt:

1. Einige Gruppen bekommen Folien und Schreibzeug; sie sollen weitere Redensarten bildlich darstellen. Beispiele: Jemanden einen Bären aufbinden – den Nagel auf den Kopf treffen – den Kopf verlieren – einem geschenkten Gaul schenkt man nicht ins Maul – der Apfel fällt nicht weit vom Stamm – mit der Tür ins Haus fallen – aus einer Mücke (Fliege) einen Elefanten machen – das Wasser steht ihm bis zum Hals. – Auf eine Folie passen etwa 6-8 Abbildungen. Die Folien werden bei der Auswertung allen SS gezeigt. Deren Aufgabe ist dann, die abgebildeten Redensarten zu erraten.

2. Einige Gruppen erhalten Nachschlagewerke zu Redensarten. Die SS überlegen sich einige Redensarten und sehen deren Herkunft nach. Die Ergebnisse halten sie schriftlich fest. Bei einer gemeinsamen Besprechung lesen die SS vor, was sie herausgefunden haben.
   (Literatur: Krüger-Lorenzen, Röhrich, Schulz/Griesbach, Sillner – siehe Literaturangaben zu diesem Kapitel.)
3. Je eine Gruppe bekommt ein Arbeitsblatt (s.u.) und bearbeitet die Aufgaben schriftlich.

ARBEITSBLATT

Welche der Redensarten (a-h) kann man verwenden, wenn jemand

frech drauflos lügt	a) etwas an die große Glocke hängen
eine notwendige Arbeit immer wieder aufschiebt	b) das Pferd am Schwanz aufzäumen
eine Sache überall herumerzählt	c) auf die lange Bank schieben
angestrengt zuhört	d) den Nagel auf den Kopf treffen
völlig richtig antwortet	e) wie gedruckt lügen
eine Sache verkehrt anfaßt	f) die Nase in alles hineinstecken
neugierig ist und überall herumschnüffelt	g) ganz Ohr sein
etwas kauft, ohne die Ware voher zu prüfen	h) die Katze im Sack kaufen

(Quelle: Engelen/Frank/Kern/Maier, Deutsche Sprache, 7./8. Schuljahr, 3. Aufl. Freiburg i.Br. 1972, S. 148)

ARBEITSBLATT

Wie müßte man den gleichen Sachverhalt ausdrücken, wenn es folgende Redensarten nicht gäbe:

1) jemandem einen Bären aufbinden
2) sein Wort auf die Goldwaage legen
3) sein Licht unter den Scheffel stellen
4) jemandem das Wasser nicht reichen können
5) mir steht der Verstand still
6) aus allen Wolken fallen
7) sich bis zur Weißglut ärgern
8) jemanden den Buckel hinaufsteigen
9) mit Kanonen auf Spatzen schießen
10) aus einer Maus einen Elefanten machen

(Quelle: Engelen/Frank/Kern/Maier, Deutsche Sprache, 7./8. Schuljahr, 3.Aufl. Freiburg i.Br. 1972, S. 150f.)

Je nach Klassenstärke entstehen auf diese Weise etwa 8-10 Kleingruppen zu je 2-3 Schülern, die sich arbeitsteilig mit sprichwörtlichen Redensarten beschäftigen.
Es sollte darauf geachtet werden, daß eine gemeinsame Besprechung der Ergebnisse aller Gruppen erfolgt und die Anstrengungen der SS durch Anerkennung „belohnt" werden.

Weitere Anregungen zu diesem Thema in: Zs. Praxis Deutsch, H. 16, 1976. Diese Seite gibt das Poster von F. Wittkamp der genannten Ausgabe verkleinert wieder.

Anregungen zur Vertiefung

In vielen Sprachbüchern finden sich Aufgaben, bei denen die Bedeutung von Redensarten geklärt werden soll, beispielsweise in

- *Muttersprache*. Schülerarbeitsbuch für den Unterricht in Sprachgestaltung, Sprachlehre/Sprachkunde, Rechtschreiben und Leselehre der Hauptschule. Donauwörth (*Auer*) 4.Aufl. 1977. 6. Jahrgangsstufe. S. 86 f.
- dass. 7. Jahrgangsstufe (5.Aufl. 1978) S. 98, 102
- dass. 8. Jahrgangsstufe (4.Aufl. 1977) S. 102 ff.
- *denken-sprechen-handeln*. Sprachbuch für die Hauptschule in Bayern. 5. Jahrgangsstufe. Donauwörth (*Auer*) 1977 S. 49, 102f.
- dass. 6. Jahrgangsstufe. S. 24, 117.
- *Spracherziehung*. Ein Arbeitsbuch für den Deutschunterricht an Realschulen. Frankfurt a.M. (*Diesterweg*) 12.Aufl. 1975. Ausgabe B. Heft 2. S. 99
- dass. Heft 3. S. 113-120
- dass. Heft 4. S. 13, 37, 94-96
- dass. Heft 5. S. 58 f.
- *Lebendige Sprache*, Sprachbuch für die Hauptschule. Neubearb. von K. Daniels u.a. Frankfurt a.M. (*Diesterweg*) 5.Aufl. 1975. 7. Schuljahr. S. 89ff.
- dass. 8. Schuljahr (4.Aufl. 1975) S. 51f.
- *Deutsche Sprache*. Strukturen-Formen-Ausdruck-Stil. Freiburg i.B. (*Herder*) 4.Aufl. 1970 5./6. Schuljahr. S. 127 ff.
- dass. 7./8. Schuljahr. (3. Aufl. 1972) S. 147ff.
- *Deutsches Sprachbuch*. Frankfurt a. M. (*Hirschgraben*) 6.Aufl. 1971. Heft 3, 7. Schuljahr. S. 57
- dass. Heft 4, 8. Schuljahr (5.Aufl 1969) S. 53 f.
- *Spreche und schreibe ich richtig?* 6. Schuljahr. Ausgabe C. Stuttgart (*Klett*) 2.Aufl. 1975. S. 24
- dass. 7. Schuljahr. (1.Aufl. 1971) S. 49 ff.
- dass. 8. Schuljahr. (1.Aufl. 1974) S. 12, 23
- *Lebendige Muttersprache*. Ausgabe B, Teil II. 6. Schuljahr. Stuttgart (*Klett*) 6.Aufl. 1975 S. 62
- dass. Teil III. 7. Schuljahr. (3. Aufl. 1976) S. 70-75
- dass. Teil IV. 8. Schuljahr. (3. Aufl. 1978) S. 68 f.
- dass. Teil V. 9. Schuljahr. (2. Aufl. 1977) S. 68 f.
- *Sprachbuch*. Grundausgabe für das 5. Schuljahr. Stuttgart 1977 (*Klett*) S. 90 f.
- *Sprachbuch*. 5. Schuljahr. Stuttgart (*Klett*) 1976 S. 98 f.
- *deutsch*. Ein Sprachbuch für Hauptschulen. 6. Jahrgangsstufe. München (*Oldenbourg*) 1975 S. 111 f.
- dass. 8. Jahrgangsstufe. (1.Aufl. 1978) S. 88 f.
- *Mein neues Sprachbuch*. 5. Schuljahr. Hannover (*Schroedel*) 1974. S. 64 f.
- dass. 6. Schuljahr. (1.Aufl. 1975) S. 74 f.
- *Westermann Sprachbuch*. 5. Schuljahr. Braunschweig 1971. S. 28
- dass. 6. Schuljahr. Braunschweig 1972. S. 11
- dass. 7. Schuljahr. Braunschweig 1973. S. 8

Nachwort

Ein Blick in die zur Zeit (1979) gültigen Lehrpläne zeigt, wie wenig Bedeutung der Wortkunde im Deutschunterricht zugemessen wird. Noch spielt sich die „Umstrittenheit" des Wortkundeunterrichts im Rahmen diachroner/synchroner Wortbetrachtung ab (vgl. PACOLT/BACHEM), wobei jetzt noch der synchronen Beschäftigung mit Wörtern amtlicherseits eindeutig der Vorzug gegeben ist. Dies liegt nicht zuletzt an der noch wenig reflektierten Ablehnung der Ergebnisse der Deutschkundebewegung zum Wortkundeunterricht; insbesondere liegt der Grund jedoch daran, den Deutschunterricht zunehmend an aktuellen Entwicklungen der Sprachwissenschaft teilnehmen zu lassen. Vielleicht wird die Workunde in einiger Zeit (aufgrund der Empfehlungen von Lehrplanentwerfern) als „textorientierte Semantik" unterrichtet. Inwieweit dabei auch geschichtliche Aspekte einbezogen werden, wird man aus zukünftigen Lehrbüchern ersehen können, in denen dann in weitaus größerem Ausmaß als jetzt Texte früherer Sprachstände zu finden sein müßten, soweit eben geschichtliche Aspekte der Semantik, der Textsemantik, berücksichtigt werden. „Wortkunde" wird dann vielleicht ein seltenes Wort und durch „Textkunde" ersetzt werden.

Damit sind wir wieder bei der Frage nach den Zielen des Deutschunterrichts. Es scheint, daß durch „Textkunde" an Stelle von „Wortkunde" ein Ziel des Deutschunterrichts zumindest sehr modifiziert wird: das Kennenlernen der deutschen Sprache. Sehr fraglich wird, ob den Schülern im Rahmen einer Textkunde das einleuchten kann, was ihnen in den beschriebenen Unterrichtsversuchen klar wurde. Weiterhin ist fraglich, ob die Schüler durch eine „Textkunde" Abstand bekommen von der wortgläubigen Haltung, der Unfähigkeit zur Unterscheidung zwischen Wort und Sache. Darüber hinaus ist fraglich, wie die bei einer „Textkunde" anstehenden hermeneutischen Probleme „unterrichtsreif" gelöst werden (vgl. psychologisch-, intentions-, zeitgeistorientierte Lese- und Deutungsweisen). Alles dies macht ein Kennenlernen der deutschen Sprache recht fraglich.

Fraglich bleibt damit auch, inwieweit Ergebnisse in der gegenwärtigen Sprachforschung in die Unterrichtsarbeit einbezogen werden sollen und können. Die heftigen Diskussionen um die „pädagogische Grammatik" haben erkennen lassen, daß im Unterricht andere Ziele – nämlich Bildungsziele – „verfolgt" werden als in der allgemeinen Sprachwissenschaft. Von daher gesehen muß deutlich unterschieden werden zwischen einem „didaktisierten"

Teilgebiet der Linguistik und einer Konzeption von Sprachunterricht, die Ergebnisse der Linguistik einbezieht. Diese Trennung betrifft nicht das oftmals betonte Problem Theorie-Praxis, sondern die Frage nach dem Bildungswert des (geplanten) Unterrichtsstoffs. – Grundsätzlich hat die Überlegung des Bildungswerts im Sprachunterricht Vorrang gegenüber einer Vermittlung von Forschungsergebnissen.

Die wenigen durchgeführten und hier beschriebenen Unterrichtsvorschläge in einigen Bereichen der Wortkunde lassen erkennen, daß mit ihnen eine Lücke im Deutschunterricht geschlossen werden kann, und zwar die der Beschäftigung mit der Frage, „woher die Dinge ihre Namen haben". Diese Frage ist eine spezielle Frage des Kindes, gerade in der Orientierungsstufe, der Zeit des intensiven Entdeckens von Dingen. Auf die Fragen des Kindes einzugehen ist wohl mindestens so sinnvoll, wie mit ihm Merkmalsmatrizen oder Pk-Klammern durchzuarbeiten. An dieser Stelle zeigt sich, daß Wortkundeunterricht sowohl sinnvoll als auch möglich ist, und zwar in einem Ausmaß, wie es in der jetzigen Deutsch-Didaktik kaum wahrgenommen wird. Es wird sich gewiß als angebracht erweisen, die Art der Beschäftigung mit der deutschen Sprache im Unterricht kindgemäßer zu gestalten, was heißt, daß den Schülern die Fragen beantwortet werden, die sie (entsprechend ihrem Entwicklungsstand) stellen. In diesem Sinn ist der Unterricht in Wortkunde nicht nur sinnvoll, sondern „notwendig": er ergibt sich aus dem Unterrichtsgeschehen im Fach Deutsch, wenn die Schüler diejenigen Fragen stellen dürfen (und beantwortet bekommen), die sie haben.

ANHANG

LITERATURVERZEICHNIS

Zu folgenden Gebieten stehen die Literaturangaben im Textteil:

Einführung in wort- und sprachkundliches Arbeiten: S. 24, 25, 26
Namenkunde: S. 30, 37, 38
Wortkunde: S. 41, 44, 48, 53, 66, 72

Weitere verwendete Literatur:

Arens, H. Sprachwissenschaft. Der Gang ihrer Entwicklung von der Antike bis zur Gegenwart. Freiburg i.B. ^{2}1969

Bachem, R. Wortkunde – Sprachkunde im Deutschunterricht. In: Sowinski, B. (Hrsg.) Fachdidaktik Deutsch. Köln/Wien 1975

Baumgärtner, A.C. Lesen. Ein Handbuch. Hamburg 1973

Bödecker, E. Deutschunterricht: Sprachunterricht – Sprachkunde. In: Wörterbuch der Schulpädagogik. Freiburg i.B. 1973

Bollnow, O.F. Die Macht des Worts. Sprachphilosophische Überlegungen aus pädagogischer Perspektive. In: Ztschr. Neue pädagogische Bemühungen. 1964. Nr. 17/18

ders. (Hrsg.) Sprache und Erziehung. 7. Beiheft zur Ztschr. f. Pädagogik. 1968

Boueke, D. (Hrsg.) Deutschunterricht in der Diskussion. Forschungsberichte. Paderborn 1974

Brandstätter, H.G. Sprachgeschichtliches in der Volksschule. In: Ztschr. f. Deutschkunde. 1926 (403-414)

Cretius, P. Wortkunde in der Volksschule, In: Ztschr. f. Deutschkunde. 1931 (425-429)

ders. Lebensvolle Sprachlehre und Sprachkunde. Bad Heilbrunn. 9.Aufl. 1952

Diegritz, T./Fuchshuber, E. (Hrsg.) Perspektiven der Deutschdidaktik. Kronberg 1975

Doderer, K. Wege in die Welt der Sprache. Stuttgart ^{3}1969

Dornseiff, F. Redende Namen. In: Ztschr. für Namenforschung 16, 1940 (S. 24-38 und 215-218)

Eichler, W. Sprachdidaktik Deutsch. München 1974

Engelmann, S. Methodik des Deutschen Unterrichts. Heidelberg 1952

Essen, E. Methodik des Deutschunterrichts. Heidelberg ^{9}1972

Frank, H.J. Geschichte des Deutschunterrichts. München 1973

Fröhlich, A. Der Bildungswert der Etymologie. In: Ztschr. Muttersprache, 66, 1956. (262-269)

Glinz, H. Der Sprachunterricht im engeren Sinne oder Sprachlehre und Sprachkunde. In: Beinlich, H. (Hrsg.) Handbuch des Deutschunterrichts. Bd.I. Emsdetten 5.Aufl. 1969

Grünert, H./Spillmann, H.O. Sprachkönnen – Sprachwissen – Sprachbewußtsein. In: Ztschr. f. Dialektologie und Linguistik. 2. 1973. (129-156)

Güntert, H./bearb. von A. Scherer Grundfragen der Sprachwissenschaft. Heidelberg ^{2}1956

Häfner, K. Bildender Sprachunterricht. Stuttgart 1950

Helmers, H. Didaktik der deutschen Sprache. Stuttgart ^{5}1970 (126-197)

Henning, P./Schönemeier, K. Fachdidaktik Deutsch. Braunschweig 1975

Hildebrandt, R. Vom deutschen Sprachunterricht in der Schule und von deutscher Erziehung und Bildung überhaupt. Hrsg. und mit einem Nachwort versehen von J. Prestel. Bad Heilbrunn 26.Aufl. 1959

Hirt, H. Etymologie der neuhochdeutschen Sprache. (^{2}1928) Nachdruck München 1969

Hundsnurscher, F. Neuere Methoden der Semantik. Tübingen 1970

Küster, F. Stand und Aufgabe der Wortkunde. In: Ztschr. Der Deutschunterricht. 26. 1974. H.2 (112-129)

Lenschau, T. Deutschunterricht als Kulturkunde. Leipzig 1917

Linde, E. Geistesbildung durch Sprachbildung. Auch eine Methodik des Deutschunterrichts. Leipzig 1925

Melzer, H./Seifert, W. Theorie des Deutschunterrichts. München 1976

Nündel, E. (Hrsg.) Lexikon der Deutschdidaktik. Ratingen 1972 ff.

Oettli, P. Wortkunde als Sprach- und Denkschule. In: Ztschr. f. Deutschkunde. 1932 (654-665)

Pacolt, E. Sprachkunde – Sprachlehre im muttersprachlichen Unterricht der Volksschule. Wien 1971

Paul, H. (neu bearb. von W. Betz) Deutsches Wörterbuch. Tübingen ^{5}1965

Prestel, J. Methodik des Deutschunterrichts. München ^{2}1963

Reichmann, O. Deutsche Wortforschung. Stuttgart 1969

Reumuth, K. Der muttersprachliche Unterricht. Bd. 1. Deutsche Sprachkunde. Bonn 1950

Schindler, G. Sprachbildung oder Kulturtechnik. Bochum 1959

Schmidt, H.D. Die Geschichte des Deutschunterrichts im Spiegel der methodischen Werke. In: Ztschr. Der Deutschunterricht, 12, 1960, H. 1 (21-47)

Schmidt, W. Deutsche Sprachkunde. Berlin ^{3}1965

Stachel, U.O. Historische Sprachwissenschaft in den Sprachbüchern für den Deutschunterricht. In: Ztschr. Linguistik und Didaktik, 1971, H.5/6 (60-75 und 98-109)

Stötzel, G. Über die Grundlagen der deutschen Sprachlehrbücher. In: Ztschr. Linguistik und Didaktik, 1970, 1 (29-39) und 3 (165-171)

Ulshöfer, R. Methodik des Deutschunterrichts. 3 Bde. Stuttgart ^{2}1971-1974

Wandruszka, M. Etymologie und Philosophie. In: ders.: Wörter und Wortfelder. Tübingen 1970

Wolfrum, E. (Hrsg.) Taschenbuch des Deutschunterrichts. Esslingen 1972

Dietmar Heubrock

DIE REFORMIERTE GYMNASIALE OBERSTUFE IM SCHÜLERURTEIL

Hintergründe, Analysen und Folgerungen einer empirischen Erkundungsstudie

148 Seiten, kt., DM 24,– (ISBN 3-88479-004-8)

Der Studie liegt eine im Frühjahr 1977 am Ratsgymnasium in Münster bei 230 Unter- und Oberprimanern durchgeführte Schülerbefragung zugrunde. Mit einem 24 Items umfassenden Fragebogen sollte ermittelt werden, wie die Reform der gymnasialen Oberstufe in ihrem bisherigen Erscheinungsbild von den befragten Schülern insgesamt und in Einzelpunkten beurteilt wird.

Die Studie macht zugleich die Schwierigkeiten deutlich, auf die diese in eigener Verantwortung durchgeführte Schülerbefragung stieß.

Es konnten 113 der 230 ausgeteilten Fragebogen ausgewertet werden. Die Auswertung bestand im wesentlichen aus der Auszählung und der numerischen und prozentualen Auflistung der Einzeldaten und deren Interpretation. Die 24 Items bezogen sich auf die wesentlichen Punkte und Elemente der reformierten gymnasialen Oberstufe, wie sie am Ratsgymnasium nach dem KMK-Modell praktiziert wurde.

Die Ergebnisse zeigen deutlich eine im einzelnen bestimmbare Unzufriedenheit mit einigen charakteristischen Elementen des Kurssystems in der gymnasialen Oberstufe (z.B. Informationsangebot, Zensurengebung, Arbeitsaufwand); darüberhinaus ergab sich im direkten Vergleich von früherem Klassenverband-System und jetzigem Kurssystem, daß das Klassenverband-System besser beurteilt wurde. Es konnte ferner gezeigt werden, daß der theoretische Anspruch an das Kurssystem in der pädagogischen Praxis in wesentlichen Teilbereichen derzeit nicht voll erfüllt wird.

Als Folgerungen für die Praxis konnten einige Stichpunkte herausgearbeitet werden, welche einerseits die Notwendigkeit von grundlegenden Reformen in der gymnasialen Oberstufe betonen, und andererseits die Korrektur einiger Elemente des Kurssystems (z.B. Punkte-System der Bewertung von Schülerleistungen) notwendig erscheinen läßt.

Verlag
Dr. Johannes Königshausen + Dr. Thomas Neumann

In Vorbereitung:

Mechthild Ralla

SPRACHKUNDE

Material zum deutschen Sprachunterricht
in der Sekundarstufe I

ca. 80 Seiten, kt. – ISBN 3-88479-015-3

Themen: Deutsche Mundarten, Sprachschichten, Fachsprachen u.a.

Verlag
Dr. Johannes Königshausen + Dr. Thomas Neumann